Texte détérioré — reliure défectueuse

NF Z 43-120-11

Réformes

DÉSIRABLES ET FACILES

DANS LES LOIS

Sur la Procédure civile,

Par M. Chardon,

CHEVALIER DE L'ORDRE ROYAL DE LA LÉGION D'HONNEUR,
PRÉSIDENT DU TRIBUNAL CIVIL D'AUXERRE,
MEMBRE DE L'INSTITUT HISTORIQUE.

A AUXERRE,
Chez GUILLAUME-MAILLEFER, lib., rue Croix-de-Pierre, 27 ;
A PARIS,
A la librairie de jurisprudence de VIDECOQ, place du Panthéon,
6, et rue des Grès, 2.

1837.

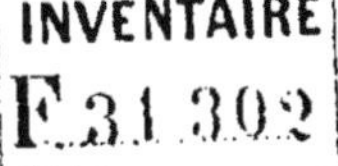

Réformes

DÉSIRABLES ET FACILES

DANS LES LOIS

Sur la Procédure civile,

Par M. Chardon,

CHEVALIER DE L'ORDRE ROYAL DE LA LÉGION D'HONNEUR,

PRÉSIDENT DU TRIBUNAL CIVIL D'AUXERRE,

MEMBRE DE L'INSTITUT HISTORIQUE.

A AUXERRE,

Chez GUILLAUME-MAILLEFER, lib., rue Croix-de-Pierre, 27;

A PARIS,

A la librairie de jurisprudence de VIDECOQ, place du Panthéon,
6, et rue des Grès, 2.

1837.

RÉFORMES

Désirables et faciles dans les lois

SUR

LA PROCÉDURE CIVILE.

AUXERRE, IMPRIMERIE DE GALLOT FOURNIER.

RÉFORMES
Désirables et Faciles

DANS

LES LOIS

SUR

LA PROCÉDURE CIVILE,

Par M. Chardon,

CHEVALIER DE L'ORDRE ROYAL DE LA LÉGION D'HONNEUR,
PRÉSIDENT DU TRIBUNAL CIVIL D'AUXERRE,
MEMBRE DE L'INSTITUT HISTORIQUE.

A AUXERRE,

Chez GUILLAUME-MAILLEFER, libraire, rue Croix-de-Pierre, 27;

A PARIS,

A la librairie de jurisprudence de VIDECOQ, place du Panthéon, 6,
et rue des Grès, 2.

1837.

v

Table des Matières

TRAITÉES

DANS CET OPUSCULE.

————

RÉFORMES

Désirables et Faciles

DANS LES LOIS

SUR

LA PROCÉDURE CIVILE.

> « C'est le règne de la justice qui doit
> « faire la gloire de celui des Princes. »
>
> Domat, Droit public, liv. 1, tit. 11.

La justice ne règne parfaitement dans un État, qu'autant que la voie qui y conduit est dégagée de tout ce qui pourrait en gêner l'accès, ou en embarrasser le cours. Cette voie est la procédure, et la nôtre, il faut en convenir, est pleine d'obstacles et d'entraves, dont on ne peut pas trop se hâter de la désobstruer.

Le Code qui l'a rétablie en 1806, est, à la vérité, une de ces lois salutaires qui servirent, au commencement du siècle, à reconstruire l'édifice public mis en ruine par quinze années d'anarchie. Il a même, de plus que l'ordonnance de 1667, le mérite de réunir aux règles à suivre pour les débats judiciaires , celles à observer dans une infinité de circonstances , où pour prévenir ces débats , il faut recourir à l'autorité du Juge ; règles auparavant disséminées dans un grand nombre d'ordonnances et de réglemens fort incomplets. La méthode et la clarté de son texte en rendent le sens accessible aux plus communes intelligences, et l'amour du bien public s'y fait sentir à chaque ligne. Mais il se ressent de la rigueur qu'à cette époque on savait mettre dans les ordres pour être obéi. Les anciennes formes , quoique réduites , y sont encore prodiguées , et trop peu de latitude est laissée aux tribunaux pour en peser l'importance ; dans une infinité de cas , ils doivent annuler tout ce qui n'est pas ponctuellement conforme au prescrit. Ce n'est pas tout. Les trente années d'épreuve qu'il a subies y ont fait reconnaître de bien plus graves imperfections, et il a cela de commun avec le Code pénal et celui d'instruction criminelle déjà réformés. Quelle que soit , en effet, la perspicacité du Législateur dans un statut nouveau , l'exécution fait, presque toujours, reconnaître que la pratique épure la théorie. Il arrive même , parfois , que l'effet est diamétralement contraire aux espérances. Ainsi, sans sortir du Code de procédure, tout le monde, au palais, sait que les contributions et les ordres, par le retard inévitable que leur mode leur fait éprouver dans tous les tribunaux, font le désespoir des débiteurs, des créanciers et des Magistrats ; c'est certainement la partie du Code dont la réforme est le plus impatiemment attendue ; cependant M. Réal, en en présentant le projet au Corps législatif, en était si glorieux , qu'il voyait déjà une pluie de *bénédictions* l'inonder, et qu'il eut la naïveté de le prédire. Jamais prédiction n'a été plus déconcertée ; je crains fort pour lui que quelques malédictions ne lui aient révélé le ridicule de sa prophétie.

Mais un obstacle bien plus sérieux que celui des formes est dans l'énorme impôt qu'il faut payer comptant, à chaque pas, et à chaque feuillet d'un dossier qui en contiendra beaucoup. Cet impôt, j'ose le dire, effraie et décourage l'homme de bien pour qui la fortune a été avare, tandis qu'il enhardit dans ses spéculations celui à l'égard duquel elle a été plus libérale.

Depuis trente ans, la France supporte cette législation avec une patience qui ne s'explique que par la continuelle préoccupation dans laquelle les événemens politiques ont tenu les esprits. Mais enfin des réclamations ont été portées, le 16 avril dernier, à la Chambre des Députés, au sujet des expropriations forcées, et l'honorable Magistrat qui la préside s'est empressé de descendre de son poste éminent, pour s'associer généreusement aux pétitionnaires. A sa parole influente, M. Renouard a répondu, au nom du Ministère, qu'incessamment un travail sur cette matière serait soumis aux Chambres. * M. Calmon a été plus loin, dans la séance du 26 mai. Lui, Directeur

---

* Pour réaliser cette promesse, M. le Garde des Sceaux vient de former une Commission composée de quinze personnes choisies dans tout ce que la Magistrature et le Barreau ont de plus illustre et de plus recommandable.

général de l'enregistrement, s'est élevé hautement contre le système entier de la procédure, et ses formes abusivement multipliées; déclarant que l'intérêt du Trésor public était une considération trop étroite pour entrer en balance avec les immenses avantages qui résulteraient de la réduction de ces formes au strict nécessaire.

Ayant, chaque jour, à gémir sur cette profusion de formes superflues auxquelles je suis contraint de participer, je n'ai pas pu rester spectateur indifférent de cet heureux mouvement. J'offre donc le résultat de mes observations, et seulement comme de grossiers matériaux qui mis en œuvre par de plus habiles mains que les miennes, seront peut-être de quelque utilité.

Plusieurs de mes propositions pourront paraître minutieuses ; mais j'invite ceux qui daigneront me lire, à ne les juger que dans leur ensemble, et ils verront que ce dont on peut, sans nuire à l'instruction des procès, alléger les dépenses de temps et d'argent du plaideur, est énorme.

———

Tentative
conciliatoire.

1. Le titre I du livre II exige, comme la loi du 24 août 1790, la tentative conciliatoire toujours dispendieuse et rarement utile. Je sais que la plupart des Juges de paix empêchent beaucoup de procès, mais ce n'est pas à leur audience, c'est lors que celui qui pense à former une action va trouver son Juge de paix, et l'invite à

mander devant 'ui , sans frais , la personne intéressée. Il y a peu d'exemples qu'on se soit refusé à cette comparution amiable. C'est alors , et avant toute espèce d'hostilités, que souvent le Juge parvient à détromper ou le demandeur sur le droit qu'il croit avoir , ou le défendeur sur la sécurité qui l'aveugle. Quelquefois aussi il obtient des deux des sacrifices mutuels , et la conciliation s'opère. Mais s'il y a un huissier, un exploit, les esprits s'aigrissent; des défenseurs, qui s'appellent officieux , et ne sont rien moins, s'emparent des parties. Elles n'ont plus que l'alternative d'aller au tribunal où les avoués les attendent , ou de prendre pour arbitres ces défenseurs qui , sans déboursés , sauront bien se procurer, au moins , les émolumens qu'auraient eu les avoués dont on leur a fait peur. Voilà ce qui se passe notoirement, surtout dans les campagnes.

Je crois donc que , sans abandonner cette pensée salutaire de l'Assemblée constituante, il faut la ramener à sa simplicité primitive , et pour cela n'exiger du demandeur dans les causes entre parties capables de transiger , autre chose qu'une attestation du Juge de paix qu'inutilement il a appelé le défendeur ; ou que celui-ci ayant déféré à son mandement , les parties n'ont pas pu se concilier. Que si l'on veut une citation à l'audience, ce que je déplorerais , au moins on se borne à une attestation du Juge de paix , sans prescrire de *procès-verbal*. Ce mot fatal glissé dans l'article 54, probablement sans en pressentir les conséquences , est devenu une source abondante de produit pour les greffiers. Ce procès-verbal, dans lequel la demande est copiée tout entière, avec accompagnement du verbiage des défenseurs officieux, est ensuite *grossoyée*, et devient, pour n'être presque jamais lue, une des pièces les plus pesantes du procès. C'est ainsi qu'une institution louable dans son principe est devenue funeste dans son exécution.

Constitution judiciaire.

II. Suivant l'article 76, l'avoué qui s'est constitué judiciairement doit réitérer par acte sa constitution dans le jour, et pourquoi cet acte surabondant? Il est connu de l'avoué du demandeur, cela suffit pour lier l'instance.

Mise en délibéré.

III. Les articles 96 et suivans, sans oser rappeler par leur nom les *appointemens*, une des plus monstrueuses procédures d'autrefois, les font revivre dans les *mises en délibéré*. Ils prescrivent des délais pour la signification de deux requêtes par chacune des parties en cause, pour la production des pièces, la prise en communication de ces pièces, et tout cela par la voie du greffe. De là des inventaires de production qui répètent la moitié au moins, de ce qui a été dit dans les requêtes, des actes de dépôt et de reprise des pièces produites, ce qui peut être sans fin, et élever les dépens à un excès déplorable, sans qu'il en jaillisse un seul rayon de lumière de plus sur les points litigieux. Ce résultat est si effrayant que les tribunaux n'ordonnent que très-rarement cette instruction. Quelqu'importans et nombreux que soient les chefs de contestation, on ne prononce qu'un simple délibéré. Un des Juges, sans lui donner le nom de rapporteur, est chargé de l'examen de l'affaire; un délai est fixé pour la production des pièces et des mémoires. Le tribunal ne délibère et

ne prononce qu'après s'être assuré que les productions
ont été respectivement communiquées. S'il y avait des
retards abusifs, des rétentions de pièces, il en serait
fait justice par des mesures de discipline. Mais ces cas
sont infiniment rares. Il faut reconnaître qu'aujourd'hui
les astuces, les déceptions qui ont fourni à notre langue
le vilain mot *chicane*, et qui, jadis trop communes au
palais, ont fait imaginer cette forme de production et
de communication, en ont été bannies, et qu'en général, il existe dans les rapports des avoués entre eux,
la même loyauté, que dans tous les temps, entre les
avocats.

On peut donc avec sécurité supprimer toute cette
instruction, en ordonnant, 1° que sur la mise en délibéré, le tribunal pourra nommer un rapporteur; 2° que,
lorsqu'il l'aura jugé convenable, chacune des parties
pourra signifier une requête; 3° que toutes les pièces
produites seront respectivement communiquées sur
simple récépissé, énonçant seulement le nombre de
pièces cottées et paraphées, sans autres détails. Je ne
propose qu'une requête, et c'est bien assez. On partagera mon opinion, si l'on considère que déjà chacune
des parties a signifié ses moyens et ses conclusions
motivées; que la cause a été plaidée; que les systêmes
contraires ont été complètement développés, et qu'il
ne s'agit plus que d'en retracer le tableau.

IV. Articles 142, 143, 144. Ici se trouve le comble
du ridicule. Sans chercher pourquoi jadis le procureur
de celui qui avait gagné son procès, était tenu de
signifier à l'autre les qualités devant être insérées

dans le jugement, les Législateurs de 1806, ont voulu que leur procédure eut aussi ses qualités. En cela, ils sont tombés dans un plaisant anachronisme. Sous l'empire de l'ordonnance de 1667, la qualité du plaideur n'était pas chose indifférente. Malheur à celui qui, osant plaider contre un grand personnage, venait à perdre son procès ; il lui devait, pour frais de voyage et de séjour, une indemnité proportionnée à la taille nobiliaire ou sacerdotale de ce personnage. D'abord, de règle commune à tous les Parlemens, le gentilhomme avait le double du roturier. Mais la différence des allocations était bien plus grande encore. Un réglement du Parlement de Paris, du 10 avril 1691, avait divisé les citoyens en 51 classes, depuis le Cardinal qui avait 20 livres par jour, en descendant jusqu'au savetier qui ne recevait que 30 sols. * On conçoit actuellement combien le réglement des qualités était alors important, et il n'était pas rare qu'après avoir gagné un petit procès sur le fond, on en perdit un bien plus sérieux sur les qualités ; si, par exemple, un roturier s'était dit gentilhomme, ou si un gentilhomme s'était fait, sans permission, Comte ou Marquis ; et qu'on finit, après une ample instruction sur la généalogie, d'après les règles sévères de l'art héraldique, par lui faire rayer tout ou partie des qualités par lui imprudemment prises. Mais aujourd'hui, que nous vivons sous le niveau de l'égalité, tous les

---

* Un réglement, du 23 mai 1778, avait augmenté le tarif d'un tiers.

citoyens sont traités à ce sujet, à peu près comme les cordonniers du temps de Louis XIV, et ne reçoivent que 3 francs par jour, sans distinction d'âge, de sexe, ni de condition, article 146 du tarif. N'est-ce pas une puérilité que de parler encore de qualités dans un jugement ?

Si c'était le seul tort des articles 142 et suivans, à peine en aurais-je parlé ; mais, d'abord, ils exigent une signification inutile, et autorisent une opposition qui ne l'est pas moins, ainsi qu'un incident qui ne fait que retarder la levée du jugement, et souvent n'a pas d'autre objet. Il est vrai que, parfois, cette opération est indispensable, parce que ces mêmes articles chargent l'avoué qui lève le jugement, de comprendre dans les qualités les conclusions et *les points de fait et de droit*, ce qui a un double inconvénient. D'une part, cet avoué naturellement ennemi du laconisme dans une pièce dont il doit notifier les copies, laisse très-volontiers courir sa plume sur des détails superflus ; de l'autre, dans la vue d'un appel, s'il est en première instance, ou d'un recours en cassation, s'il est en Cour royale, il cherche dans sa rédaction sur les points de fait et de droit, à assurer, autant qu'il est en lui, le succès de son client. De là les fréquentes oppositions sur lesquelles il faut que les Présidens statuent, et tout cela sans qu'il soit possible de trouver à cette procédure après jugement la moindre utilité.

C'est aux Juges, et aux Juges seuls qu'il appartient de régler les points de fait et de droit, tels qu'ils leur ont paru devoir fixer leur opinion ; ce qui est si naturel qu'il n'y a pas un seul jugement dans lequel ils ne commencent par les énoncer, sans s'occuper de ce que fera l'avoué rédacteur des qualités. Sans cela, souvent leur décision ne serait pas intelligible. En sorte qu'il y a toujours un double emploi dans le corps du jugement : l'analyse de l'avoué dans les qualités, et celle des Juges dans les motifs. Supprimez donc en entier ces trois articles. Pour rédiger la première partie du jugement, le greffier a les conclusions des parties que leurs avoués ont du poser à l'audience, aux termes des articles 71 et 72 du décret du 30 mars 1808 ; la seconde partie, c'est-à-dire le dispositif, qui est l'œuvre du Juge, contiendra les points de fait et de droit, ainsi que ses motifs et sa décision. Par cette suppression, vous accélèrerez l'exécution du jugement, vous en réduirez de beaucoup le volume, et rapetisserez le mémoire des dépens.

Commission spéciale aux huissiers.

V. L'article 152, en prescrivant au tribunal de désigner l'huissier qui devra signifier le jugement par défaut, ou si le défaillant habite un autre ressort, de déléguer le tribunal de son domicile, à l'effet de commettre cet huissier, a enchéri sur l'ancienne procédure qui ne fournit aucun exemple de ces commissions particulières. Ce n'est pas le seul article où l'on trouve cette innovation. L'article 780 pour le commandement tendant à la contrainte par corps, ainsi que l'article 832 pour la notification des inscriptions hypothécaires aux créanciers, veulent aussi que l'huissier soit commis par le Président du tribunal. De là, des requêtes et des ordonnances bien inutiles, car les Présidens, qui n'ont pas la juste mesure de la moralité des huissiers de leur ressort, nomment toujours ceux qui ont la confiance des parties.

Cette excessive précaution, qui suppose que tout autre huissier pourrait commettre un faux, n'est pas seulement injurieuse pour ces officiers ministériels, elle l'est encore pour le Gouvernement qui les nomme. Elle est, d'ailleurs, d'une inconséquence palpable. Si, dans ces trois cas, le plus estimé des huissiers est chargé de la signification qu'on lui confie, il en reste mille où le choix est laissé à celui qui l'emploie ; et parmi ces autres cas, j'en vois d'aussi importans, au moins, que les premiers. Je vois les significations qui font courir les délais de l'appel, du recours en cassation ; je vois les congés notifiés aux fermiers, etc. Abandonnons donc cette innovation peu réfléchie qui, pour prévenir un abus infiniment rare, empire très-certainement par des frais inutiles le sort des débiteurs.

VI. Le titre XII, sur les enquêtes, n'est qu'une copie servile du titre XXII de l'ordonnance de 1667, qui était elle-même calquée sur l'ordonnance de 1535. De nombreuses prescriptions règlent les délais à observer, ainsi que les formalités à remplir, tant pour appeler les témoins que pour constater leurs déclarations ; et presque toutes ces dispositions se terminent par la fatale locution, *le tout à peine de nullité* ; en sorte que la moindre erreur, ne fut-ce que sur les délais pour commencer ou parachever l'enquête, la fait annuler tout entière ; et que la plus légère omission, comme sur l'âge, la profession du témoin, sur la remise qu'il a dû faire de sa copie, ou sur les rapports de

parenté, alliance ou domesticité avec une des parties,
fait annuler sa déposition. Ces annulations ont ensuite des conséquences très-graves. Si c'est par le fait
du Juge-commissaire qu'elles sont prononcées, la
procédure est recommencée à ses frais. Si c'est par celui
de l'avoué, ou de l'huissier, on ne recommencera pas
la procédure ; mais si l'enquête entière est annulée, la
faculté qu'avait la partie de faire une preuve lui échappe,
et à défaut d'autres moyens, elle succombe. Si quelques
témoignages seulement sont anéantis, et qu'ils soient
ceux sur lesquels elle comptait le plus, elle éprouve le
même sort.

Dans le premier cas, la dépense à laquelle le Juge
est condamné est la moindre peine, mais la considération dont il importe que le Magistrat soit honoré, en
souffre une fâcheuse atteinte. Dans le second, la perte
de la partie peut être immense ; et par une inconséquence inexplicable, l'article ne lui accorde de dommages et intérêts contre l'officier ministériel , que
lorsqu'il y a *manifeste négligence.*

J'appelle toute l'attention des Législateurs sur ces
deux dispositions, toutes deux injustes, mais dans un
sens contraire : l'une par un excès de rigueur , l'autre
par un excès d'indulgence.

J'accuse la première d'injustice, en ce qu'elle fait
aux Juges un devoir impérieux d'annuler, tandis qu'il
était plus conforme à l'intérêt public , qu'en leur ac-
cordant plus de confiance, elle se bornât à leur en
donner la faculté, pour en user avec modération, et
seulement lorsque l'irrégularité étant irréparable , il

pourrait en résulter un préjudice envers l'une des parties. Par exemple, la loi exige, avec raison, qu'il soit fait mention de l'âge, de la profession du témoin, ainsi que de sa parenté, son alliance ou sa domesticité à l'égard d'une partie, s'il est dans l'une de ces positions avec l'une d'elles. Tout cela sans doute est essentiel. Un vieillard inspire plus de confiance qu'un adolescent ; un homme exerçant un emploi honorable fera plus d'impression que celui que rien ne recommande ; la déclaration d'un parent sera suspecte, et celle d'un serviteur plus encore. Mais si l'enquête contient sur ces circonstances des omissions, il est si facile de les réparer, et de justifier de l'âge, de la profession du témoin, de savoir s'il est parent, allié ou au gage d'une des parties, que très-certainement, si les Juges en avaient le droit, ils admettraient ces justifications, et se garderaient bien de faire recommencer cette procédure dispendieuse. Il en serait de même pour beaucoup d'autres irrégularités. En général, la rigueur des anciennes ordonnances ne sympathise plus avec l'esprit du jour qui s'attache plus à la substance des actes qu'à leur forme. En suivant ce progrès salutaire, on doit réduire au plus petit nombre possible ces déplorables accidens qui font dire aux gens du monde qu'*au palais la forme emporte le fond.*

Je trouve dans la seconde disposition une double injustice. Si l'irrégularité provient de l'huissier ou de l'avoué, la procédure annulée ne sera pas recommencée, malheur à la partie qui n'avait d'espoir de succès que dans la preuve à laquelle elle avait été admise ; et pourquoi? C'est disent les anciens auteurs, que leur faute est réputée celle de la partie qui s'en est servie. Un tel motif ne peut pas satisfaire l'ami de la vérité. Le choix que fait une partie dans le petit nombre des officiers ministériels, est forcé. C'est le Gouvernement qui les lui indique tous, comme capables et dignes de sa confiance. S'ils l'ont trompée, lui faire perdre le bénéfice du jugement qui l'a admise à la preuve, c'est la punir du mauvais choix fait par le Gouvernement. Il serait donc bien plus juste d'assimiler sans exception ce cas à celui de la faute du Juge.

Mais si l'on s'y refuse, au moins faut-il répudier la seconde injustice qui ne rend responsable l'officier ministériel, que lorsqu'il est coupable d'une *manifeste négligence*. Qui ne s'étonnerait pas de trouver dans une loi sur la procédure, une dérogation aussi formelle aux articles 1382 et 1383 du Code civil, et cela en faveur d'un agent de l'autorité publique! Suivant ces articles, « *Tout fait quelconque* de l'homme qui cause » à autrui un dommage, oblige celui par la faute du- » quel il est arrivé à le réparer. Chacun est respon- » sable du dommage qu'il a causé, non-seulement par » son fait, mais encore par sa *négligence* ou par son » *imprudence*. » Ainsi celui qui, dans une occasion où il n'a rien à gagner, cause par une simple négli- gence ou une imprudence un dommage, est obligé de le réparer, et celui qui, faisant métier de la procédure, se fait largement payer pour la faire, ne réparera le dommage qu'il a fait éprouver, qu'autant que sa négli- gence sera *manifeste !* On ne peut voir dans cette

étrange disposition qu'une suite de l'ancienne jurisprudence qui traitait avec une bénignité révoltante les
fautes des fonctionnaires publics. On lit encore dans
les anciens auteurs que les notaires, les procureurs et
les huissiers ne sont responsables qu'en cas de dol ou
de *faute lourde*. Mais la généralité de la règle posée
par le Code civil ne permet plus cette exception, ce
que la jurisprudence actuelle a consacré par plusieurs
exemples, à l'égard des notaires. On ne peut donc pas
hésiter à retrancher de l'article 293, cette disposition
finale qui semble donner aux avoués et aux huissiers
une espérance contraire.

VII. Articles 279 et 280. Dans tous les temps, la *Prorogation du délai pour l'enquête.* prorogation du délai dans les enquêtes a été autorisée, par un motif d'équité facile à apercevoir. Les premiers
témoins entendus indiquent souvent d'autres personnes
autant et, quelquefois, plus instruites qu'eux des faits
qu'il s'agit d'éclaircir. Le Code l'admet, mais il veut
qu'elle soit demandée sur le procès - verbal du Juge-
commissaire, et que celui-ci en réfère au tribunal; procédure, dépense et retard en pure perte, car la prorogation n'est jamais refusée, et il n'est pas possible de
supposer un seul cas dans lequel le refus serait fondé.
Quel que soit le résultat des témoignages déjà entendus,
les Magistrats ne peuvent pas raisonnablement résister
à l'offre que fait un plaideur, et à ses risques, d'ajouter
de nouveaux renseignemens à ceux déjà subsistans.
Eût-il fait entendre plus de cinq témoins sur chaque
fait, ce ne serait pas un juste motif de fermer la porte
à ceux qui, suivant lui, doivent plus disertement que

les premiers, faire connaître la vérité. L'article 281 ne lui défend pas d'en faire entendre plus de cinq, il lui refuse seulement de répéter les frais occasionnés par l'audition d'un plus grand nombre.

Il est donc beaucoup plus expédient que, sur la déclaration d'une partie au Juge-Commissaire qu'elle désire faire entendre de nouveaux témoins, ce Juge fixe sur-le-champ le jour auquel ils pourront être appelés, il en résultera grande économie de temps et de frais.

Expertise.

VIII. Après les enquêtes ce sont les expertises qui écrasent les plaideurs, rien de ce qui peut en alléger le poids ne doit être négligé. L'article 303 exige trois experts, à moins que les parties ne consentent à ce que la mission soit confiée à un seul. D'abord, les mineurs et les interdits ne peuvent pas jouir de cet avantage, et il est rare que les majeurs en profitent. Presque toujours, chacune des parties nomme un expert dont à l'avance elle s'est assuré le suffrage ; le tribunal nomme le troisième, et c'est celui-ci qui détermine la décision, que les deux autres n'ont fait que rendre plus difficile. En donnant aux tribunaux le pouvoir de faire faire ces opérations par un, deux ou trois experts, suivant l'importance de l'objet contentieux, dans les causes des mineurs et interdits comme dans celles des majeurs, on obtiendrait une très-forte diminution de dépense, et la cause n'y perdrait rien.

Serment des experts.

IX. Par l'article 307, les experts sont assujettis à prêter serment, procédure aussi dispendieuse qu'inutile et conservée par habitude. Ils reçoivent leur mission des parties ou du tribunal; ils ont donc la confiance, ou des Magistrats, ou de ceux dont ils ont à peser les intérêts. A quoi bon y ajouter un serment? C'est en prodiguant ainsi cet acte religieux qu'on l'a rendu ridicule aux yeux de ceux qui n'en connaissent pas toute l'importance; et ils sont en grand nombre. C'est surtout dans les expertises que le ridicule est sensible: dans tous les arrondissemens, elles sont habituellement confiées à un petit nombre d'hommes habiles et bien famés, qui viennent à chaque audience, et souvent plusieurs fois dans la même, *lever la main*. Vaine et pitoyable cérémonie dont le greffier seul peut désirer la conservation.

En la supprimant, on ne fera que suivre le progrès des idées conçues à ce sujet depuis dix siècles. Jadis dans tous les procès et les actes, les parties protestaient par serment de leur bonne foi. On annulait les procédures et les actes dans lesquels le serment n'était pas constaté.

Dès 855, le Concile de Valence en dispensa les plaideurs; aux xve et xvie siècles, lors de la rédaction des coutumes, dans le plus grand nombre on ne renouvela pas ces obligations pour les contrats. Elles ne furent conservées que dans les pays de *nécessité jurée*, et pour les ventes seulement. Henri IV vendant, en 1602, sa baronie de Rhodez, fut obligé de jurer, *en foi de Roi et de Prince*, qu'il manquait d'argent, quoique cela fût bien connu; encore plaida-t-on sur le mérite de son serment. Ces dispositions surannées ont été effacées par le Code civil; et je ne puis attribuer qu'à l'esprit de routine qui se glisse dans les meilleures lois, le serment exigé des experts par les articles 453 et 466. Les auteurs du Code de procédure , eux-mêmes, ont été entraînés sur la pente des idées, à supprimer le serment que les anciennes ordonnances voulaient qu'on fît prêter à celui qui subissait l'interrogatoire sur faits et articles.

Conservons cette garantie à l'égard du témoin qui n'est connu que de celui qui le présente; du juré qui va prononcer sur l'honneur , la liberté ou la vie de l'accusé. Conservons encore le serment d'office, dernière ressource du Magistrat pour sonder la conscience d'un plaideur. Mais à l'égard des experts qui ne sont appelés que parce qu'ils sont estimés ; c'est une puérile exigence.

Si , ce que je ne puis croire, on tenait encore à cette formalité, du moins qu'on ne les appelle pas à l'audience ; qu'un jugement ne soit pas nécessaire , et qu'on se borne à leur prescrire d'exprimer dans leur procès-verbal qu'ils affirment donner un avis conforme aux inspirations de leur conscience. Il n'en coûtera que deux lignes de plus dans ce procès-verbal.

Péremption. X. Les articles 399 et 400 , sur la péremption , détruisent tout ce que le surplus du titre XXII a de salutaire. Celui qui, pendant trois ans , n'a pas donné de suite à l'instance qu'il a introduite , ne mérite aucune faveur. La loi *Properandum*, (11, Cod. *de jud.*), l'ordonnance de 1539 , art. 120 , et celle de 1563 , art. 15 , prononçaient la péremption irréparable. L'arrêt de réglement , du 28 mars 1692 , autorisait seulement le défendeur à qui le bénéfice de la péremption était acquis, à la couvrir par des actes de procédure. C'est ensuite la jurisprudence du Châtelet et du Parlement de Paris, qui, de 1737 à 1750, a établi que la péremption n'avait pas lieu de plein droit; qu'elle devait être demandée, et que jusqu'à cette demande, elle pouvait être rendue inefficace par le moindre acte, soit du demandeur, soit du défendeur. Cet abus, conçu par les Procureurs du Châtelet, parce qu'il perpétuait les procès, ou du moins donnait lieu à une instance incidente, s'étendit dans le ressort de plusieurs autres Parlemens; mais il fut soigneusement repoussé dans ceux de Dijon et de la plupart des Parlemens du midi. Tous ceux qui regardent comme un fléau pour les familles la prolongation des procès, ont vu avec étonnement et chagrin, les rédacteurs du Code de procédure, entre les deux jurisprudences contraires, consacrer la plus mauvaise; et non-seulement exiger que la péremption, pour être acquise, fût demandée, mais vouloir que jusqu'à cette demande, le procès pût renaître.

Revenons, s'il se peut, à la législation primitive; tout nous y convie : la raison, la justice et l'intérêt public. Que le silence du demandeur soit réputé désistement de l'action (le droit conservé); que son effet soit d'éteindre de plein droit l'instance, sans qu'il soit besoin de le demander; qu'il en soit de ce cas, comme de celui du désistement réglé par l'article 403, parce qu'effectivement l'abandon d'une demande équivaut à un désistement; que cet abandon emporte pour le demandeur l'obligation de payer les frais du défendeur, qui pourra les réclamer sur une ordonnance du Président, au bas de la taxe, parties présentes ou dûment appelées.

 XI. Article 558, requête au Président par le créan-cier qui n'a pas de titre, et désire saisir et arrêter en-tre les mains d'un tiers les sommes et effets appar-tenans à son débiteur. Pourquoi astreindre ce créancier à demander au Président ce que celui-ci ne peut pas lui refuser? Pourquoi employer deux officiers minis-tériels, présenter une requête, obtenir une ordonnance, la faire enregistrer, et notifier ces inutilités, quand un simple acte d'huissier peut conduire au même but, et le faire atteindre beaucoup plus vîte? Dans cette cir-constance, et dans plusieurs autres de même nature que j'indiquerai bientôt, je rends, chaque année, des centaines d'ordonnances, en déplorant, chaque fois, que les formes soient ainsi prodiguées dans un pays qui croit avoir les plus belles lois du monde. J'ai cherché le motif raisonnable sur lequel pourrait reposer cette exigence, mais en vain; n'apercevant pas la possibilité d'un seul cas où, sans un arbitraire qui m'exposerait jus-tement à être pris à partie, je pourrais dire : il ne vous est rien dû, laissez libres les deniers ou les effets que vous voulez arrêter. Probablement on a cru qu'il n'était pas convenable qu'un individu sans titre pût, de son autorité privée, arrêter la chose d'autrui, et qu'en ce cas l'autorité du magistrat devait intervenir. Mais c'est se faire illusion : c'est toujours de sa propre autorité qu'il le fait, puisque le magistrat est obligé de l'en croire, et que son ordonnance n'est qu'une formalité, comme celle de l'enregistrement. Pour être conséquent, il faudrait ajouter que cette ordonnance ne serait ren-due que parties appelées, et quand le président jugerait à propos d'autoriser provisoirement la saisie-arrêt ; ce que je suis bien éloigné de proposer. Cette mesure conservatoire est fort utile, le moindre retard peut la rendre sans effet. S'il en était fait abus, des domma-ges-intérêts le réprimeraient. Il importe donc d'auto-riser la saisie-arrêt par l'huissier, aux risques et périls du prétendu créancier, et même de l'huissier qui ne justifierait pas du pouvoir à lui donné par une per-sonne connue et domiciliée, conformément à l'article 562.

XII. Articles 643 et suivans. Pour la vente judi-ciaire d'une rente saisie, quel qu'en soit le capital, ces articles prescrivent de mettre au greffe un cahier de charges contenant les indications et conditions néces-saires, d'en insérer un extrait dans un tableau placé dans l'auditoire ; puis de l'afficher dans les lieux dési-gnés, de l'insérer dans le journal du lieu ; de le faire publier trois fois à l'audience, et de n'adjuger défini-tivement la rente qu'après la troisième publication, en la faisant précéder de nouvelles affiches et de nou-velles annonces dans le journal.

Vente judiciaire d'une rente.

On peut, sans craindre de diminuer en rien la pu-blicité désirable, supprimer la moitié la plus dispen-dieuse de ces formalités, je veux dire le dépôt au greffe du cahier de charges, la copie insérée au tableau et les publications préalables. Quiconque a un peu l'habitude des tribunaux sait parfaitement que jamais personne ne se condamne à lire les griffonnages dont sont remplis les tableaux de l'auditoire, ni à écouter les publications, qui n'en apprennent pas plus que l'affiche qu'on a lue, avant d'entrer, sur la porte. Que le placard contenant tous les détails signalés dans l'article 643, soit imprimé, voilà l'essentiel ; qu'il soit notifié au saisi, puis affiché dans les lieux désignés, et qu'au jour indiqué l'adjudication soit faite, à moins que le tribunal, sur la demande des parties intéressées, ne juge convenable de la renvoyer à une autre audience. Pour ce cas, de nouvelles affiches seraient nécessaires. Dans l'étude des notaires, sans plus de formalités, on vend les terres les plus considérables. Au surplus, comme je suis persuadé que la Commission formée par M. le garde des sceaux pour les ventes judiciaires, voudra dans toutes un même degré de publicité, et un procédé à peu près uniforme, je renvoie à ce que je dirai sur l'article 673, n° XV.

Contribution. **XIII.** Le titre XI, sur la distribution par contribution, ayant prescrit absolument la même marche que le titre XIV sur les ordres, je renvoie également au n° XIX.

Mesures pour éviter la saisie-réelle. **XIV.** Avant d'examiner le titre XII concernant la saisie immobilière, je crois devoir émettre le vœu qu'il soit donné aux créanciers la faculté d'éviter cette voie lente, difficile et dispendieuse, dans tous les cas où une voie meilleure pourrait satisfaire tous les intérêts.

Il me paraîtrait donc convenable d'autoriser le créancier venant le premier en ordre utile, à s'emparer de l'immeuble affecté à sa créance, pour son paiement ; et dans le cas où la valeur de ce fonds se trouverait supérieure à sa créance, d'offrir le surplus, soit à son débiteur, soit aux autres créanciers inscrits, s'il y en avait. Il devrait notifier cette volonté tant au débiteur qu'à tous les créanciers, aux domiciles par eux élus dans leurs inscriptions, avec offre à ces derniers de leur abandonner le fonds, en les subrogeant à ses droits ; à la condition que celui ou ceux qui accepteraient cette offre lui paieraient sa créance, ou s'obligeraient avec caution, s'il la requérait, de faire vendre ce fonds à un si haut prix qu'il pût être intégralement désintéressé. Un délai semblable à celui réglé par l'article 2183 serait donné au débiteur et aux créanciers, pour contester cette proposition ou y adhérer. Leur silence serait réputé acquiescement.

La même faculté serait donnée aux créanciers postérieurs qui, usant de celle que leur donnent les articles 1236 et 1251, offriraient à ceux par lesquels ils seraient primés de les rendre indemnes, et à tous ceux venant après eux de leur remettre le fonds, aux conditions que j'ai détaillées pour le premier créancier.

Enfin le dernier créancier, qui n'aurait à espérer tout ou partie de sa créance qu'en évitant les frais de saisie et d'ordre, serait également autorisé, après s'être mis aux droits de tous les autres, à s'emparer du fonds, si mieux n'aimait le débiteur le désintéresser dans un délai.

Je ne fais qu'indiquer des idées qui, plus développées, si elles étaient accueillies, empêcheraient infailliblement beaucoup de saisies, surtout sur les fonds modiques ; et c'est sur ceux-là qu'elles sont plus fréquentes dans les départemens. Jadis, dans le Béarn, le premier créancier avait cette faculté, et pendant cinq ans le débiteur, ainsi que chacun des autres créanciers, avait le droit de lui reprendre le fonds, mais en le payant intégralement. La Provence, malgré l'édit de 1551, avait conservé une procédure appelée *collocation*, par laquelle les créanciers se faisaient adjuger les biens de leur débiteur pour ce qui leur était dû, suivant le prix qui leur était donné par des experts. En Lorraine, une ordonnance du Duc Léopold, de novembre 1707, autorisait le premier créancier à demander que les biens saisis lui fussent adjugés sur estimation, à moins que les autres créanciers ne préférassent le désintéresser. Dans le ressort du parlement de Paris, au xviie siècle, les louables efforts des avocats parvinrent à vaincre les préjugés des Magistrats trop attachés à l'idée qu'un propriétaire ne pouvait être dessaisi que par toutes les formalités du décret; et le premier créancier fut admis à prendre le fonds qui lui était hypothéqué, si mieux n'aimaient les autres créanciers le remplir de sa créance, ou s'obliger avec caution à la lui payer sur le prix de ce fonds, en le faisant vendre à leurs risques. Le premier arrêt dans ce sens a été rendu en faveur d'une demoiselle Lerasle, le 19 janvier 1647, et fut suivi de quatre autres des 28 octobre de la même année, 2 mars et 30 avril 1649. Ils avaient été précédés, le 8 janvier 1646, d'un arrêt portant que « quand un débiteur est insolvable, et que « ses biens se consommeraient en frais de criées et de » consignation, ils doivent être délivrés aux créanciers » qui les veulent prendre pour paiement de ce qui leur » est dû; et que, quand même il y aurait saisie réelle et

» criées, on peut en arrêter le cours. » V. Henrys, t. 1, p. 420, édition de 1708. Bretonnier, son annotateur, p. 421, dit que cette voie, qui évite aux créanciers beaucoup de frais et de retards, était encore suivie de son temps.

Les articles 1236 et 1251 du Code civil ouvrent naturellement la porte à ce système. Un créancier hypothécaire a le droit, en payant ceux qui concourent avec lui sur le même immeuble, de se faire subroger à leurs droits ; il ne reste plus qu'à contraindre le débiteur à livrer cet immeuble à son créancier, s'il est dans l'impuissance de se rédimer autrement. M. Troplong, dans son commentaire sur le titre XVIII du Code, p. LXXVIII de sa préface, propose aussi qu'on assure au créancier le droit de prendre l'immeuble, mais à dire d'experts. Je crois qu'on peut éviter les frais de cette procédure. Si les offres de ce créancier sont insuffisantes, les autres requerront la mise aux enchères ; le débiteur lui-même, dans ce cas, trouverait infailliblement une caution pour éviter une injuste spoliation ; mais si tous les intéressés gardent le silence, dans le délai sagement fixé par la loi, on sera rassuré sur la bonne foi du créancier, et on n'aura pas inutilement empiré le sort du débiteur.

Ce procédé n'aurait pas seulement pour effet d'éviter beaucoup de ces procédures ruineuses qui absorbent en pure perte, sinon la totalité, au moins une grande partie du gage, mais il faciliterait les prêts sur hypothèque aux personnes peu fortunées. Aujourd'hui celui qui, pour un prêt de 2 à 300 f., veut une hypothèque, exige que sa valeur soit au moins de 2,000 francs; et ce n'est pas trop, s'il est obligé d'en venir à la saisie et à l'ordre. Avec l'assurance qu'aurait le prêteur d'être payé ou de devenir propriétaire de la chose hypothéquée, sur un immeuble de 4 ou 500 fr., il prêterait 300 fr. et plus.

Il est vrai que cette proposition est contraire au principe général qui, dans le Code civil, domine le système du nantissement et de l'hypothèque. Une louable sollicitude pour garantir l'homme gêné dans ses affaires, de l'avidité ordinaire des prêteurs, a dicté les articles 2077 et 2088; toutes clauses tendant à transférer au prêteur, faute de paiement, la propriété du gage mobilier ou de l'immeuble mis en antichrèse, sont impérieusement prohibées. Dans l'une comme dans l'autre hypothèse, le prêteur est obligé de faire vendre judiciairement ces objets; et c'est dans la même pensée que l'article 2204 ne donne au créancier hypothécaire, sur l'immeuble qui lui est affecté, d'autre droit que d'en poursuivre l'expropriation en justice. Mais l'expérience a démontré que ces précautions prises dans l'intérêt des emprunteurs tournent presque toujours à leur préjudice. Il s'agirait donc, pour coordonner ces deux parties de la législation, d'affranchir le créancier, dans le cas du nantissement, comme dans celui de l'hypothèque, de l'obligation de consommer en frais de justice une partie de son gage, en l'obligeant seulement, à l'échéance de sa créance, de remplir à l'égard du débiteur et des créanciers opposans sur le gage mobilier, ou inscrits sur l'immeuble tenu en antichrèse, la formalité de la sommation dont j'ai parlé relativement à la simple hypothèque, et d'en supporter les conséquences.

Au surplus, ces graves et importantes questions seront, j'aime à l'espérer, les premières qui fixeront l'attention de la savante Commission chargée par M. le Garde des sceaux du projet sur les ventes judiciaires. Avant de régler le mode de l'expropriation forcée, elle cherchera sans doute les moyens de la rendre plus rare s'il est possible. Ce procédé, dernière planche après le naufrage des créanciers, est en effet dans l'ordre judiciaire ce qu'est l'amputation dans l'ordre médical : il faut qu'on n'y ait recours qu'après avoir essayé de tous les autres moyens curatifs.

Il paraît que dans la section de législation du Tribunat, lors de l'examen du projet du Code de procédure, il a été mis en question s'il convenait d'y ajouter ces mesures préventives, mais qu'on a jugé qu'il y avait impossibilité de les admettre. J'ai peine à croire que la Commission confirme cette décision, surtout par les motifs dont M. Grenier rend compte dans son rapport au Tribunat, du 21 avril 1806.

Une première considération, présentée sous plusieurs faces, se réduit à ceci : « L'estimation ne donne que » le prix commun, tandis que la mise aux enchères » peut faire obtenir un prix d'affection beaucoup plus » élevé. »

Mais le créancier qui demanderait qu'on lui livrât l'immeuble pour le prix estimatif, ne s'opposerait pas à ce que le débiteur ou les autres créanciers ne courussent après ce prix d'affection ; seulement il leur dirait : Si ce prix supérieur que vous voulez avoir est certain, les conditions que je vous impose ne doivent pas vous arrêter; si elles vous effraient , c'est qu'il est incertain. Or la dépense de la mise aux enchères est certaine. Il y a donc une chance à courir ; qui doit en faire les frais ? Vous seuls, puisque seuls vous profiterez du bénéfice , si votre espoir se réalise. Chargez-vous de l'événement, ou laissez-moi un fonds sur lequel j'ai des droits antérieurs aux vôtres.

La seconde observation de M. Grenier est que les créanciers postérieurs peuvent n'avoir pas les deniers nécessaires pour désintéresser celui qui les prime. Mais dans le système qu'il combat , la demande d'argent n'est pas absolue, puisqu'elle laisserait à ces créanciers la faculté de s'obliger seulement à le faire payer sur le prix de l'immeuble.

Enfin M. Grenier fait remarquer que ces modes particuliers d'expropriation admis autrefois ne purgeaient pas les hypothèques ; remarque insignifiante, puisque, dans l'état actuel de la législation, ils auraient cet effet, l'emparement n'ayant lieu qu'en y appelant tous les créanciers inscrits.

On s'étonnera sans doute que de tels raisonnemens aient replacé la législation sur la matière à l'état d'imperfection où elle était dans le ressort du Parlement de Paris, avant les arrêts de 1646 et 1647 obtenus des Magistrats par la persévérance du barreau. Il était réservé à la Commission d'avoir le même avantage sur le Corps législatif de 1806.

XV. J'aborde enfin, pour le cas où la saisie immobilière sera inévitable, les règles tracées par le Code de procédure. Je ne crains pas de le dire : quiconque aura la patience de lire les 44 articles où sont écrites les conditions imposées aux créanciers, aura également pitié du débiteur dont elles achèvent la ruine, et du créancier qui, au lieu de recevoir l'argent qu'il cherche, est obligé d'en dépenser à pleines mains. Les rédacteurs de cette loi ont voulu prendre un milieu entre les dispositions accélératives des lois du 9 messidor an III et 11 brumaire an VII, et celles interminables de l'édit de 1551. Mais ils sont restés courbés sous l'influence de cet édit, sans observer que l'état actuel de nos institutions a rendu inutiles presque toutes les mesures qui alors étaient à peu près indispensables. En 1551, les priviléges et les hypothèques étaient occultes, il n'y avait ni matrice de rôle, ni cadastre indiquant les héritages des citoyens; l'imprimerie à son enfance n'avait pas dix ateliers en France ; le journalisme ne s'était pas encore fait l'instructeur de la population ; dans cet état d'obscurité sur les biens du débiteur, sur les droits qu'il y avait conférés à des tiers, enfin sur les moyens d'appeler ces tiers à faire connaître leurs droits, et des enchérisseurs pour tirer le meilleur parti de la chose à vendre, ne nous étonnons pas des nombreuses précautions commandées à cette époque dans une loi dont le célèbre chancelier de l'Hospital est l'auteur. D'ailleurs, cette procédure avait un mérite que les législateurs modernes n'ont pas même essayé d'atteindre. Celui qui avait acheté un immeuble en justice en était incommutablement propriétaire. Le décret purgeait cet immeuble, non-seulement des priviléges et des hypothèques, mais de tout autre droit de propriété ou de servitude non déclaré. Il fallait donc de minutieux détails pour désigner les biens saisis, des publications réitérées et de longs délais pour porter au loin, et partout où pouvaient se trouver les parties intéressées, la pénible et unique publicité alors possible.

Aujourd'hui on peut avoir, en quelques jours, le bilan de son débiteur sur ses biens-fonds. Un extrait du cadastre ou de la matrice du rôle donnera certainement sur les biens saisis plus de notions qu'un huissier dans sa description. Avec nos affiches imprimées et nos journaux, nous obtenons en un mois plus de publicité que les subhastations et les criées ne pouvaient en produire dans une année; enfin tous les intéressés sont inscrits, le conservateur est le confident de tous, et connaît leurs domiciles.

On n'a tenu, il faut le dire, dans la conception du Code, aucun compte de ces progrès de la civilisation; et non-seulement on y a prodigué les écritures, les transcriptions, les insertions, les publications et les délais à l'infini, mais après 44 dispositions impérieusement prononcées, une dernière déclare que l'inobservation d'une seule sur les 25 principales, emportera la nullité du tout. En vérité, l'on pourrait croire que tout cela a été écrit moins pour servir les créanciers, que pour les effrayer.

Parcourons rapidement les détails. L'article 675
exige que l'huissier se transporte sur tous les immeubles, quel qu'en soit le nombre, et qu'il en désigne la
situation, les confins, etc. Aussi a-t-on vu des huissiers,
chargés de saisir une terre considérable, passer ou
prétendre avoir passé plusieurs mois, à prendre des
détails, que l'extrait de la matrice du rôle contenu
dans leur procès-verbal donnait bien suffisamment. Ce
premier acte de la procédure est complétement inutile;
nous n'avons plus besoin de subhastations et autres
formes symboliques pour mettre des immeubles sous
la main de la Justice ; il suffit d'invoquer son autorité
par un acte suffisant, comme l'avait prescrit la loi du
11 brumaire an VII.

La saisie faite, *copie entière* doit en être laissée à
tous les greffiers des cantons, et à tous les maires des
communes où se trouvent quelques-uns des biens saisis. Il faut qu'elle soit *transcrite* encore par le greffier
du tribunal, dénoncée au saisi, avec le visa du maire et
l'enregistrement du conservateur. Ensuite le greffier
exposera, dans le tableau de l'auditoire , un extrait de
cette saisie, avec tant de détails qu'il équivaut à une
nouvelle copie. Ce même extrait sera inséré dans le
journal de la contrée, et imprimé en forme de placard
pour être affiché dans tous les lieux avec lesquels cette
procédure est en rapport. Le procès-verbal d'affiche
sera notifié au saisi avec copie du placard; il le sera
aussi à tous les créanciers inscrits. Puis on rédigera un
cahier de charges devant rappeler tous les actes précédens, réitérer tout ce qui a été déjà écrit dans la

saisie, dans l'extrait du greffier et dans les placards, y ajoutant les conditions de la vente et une mise à prix. Ce cahier sera publié à l'audience, un mois seulement après la notification du procès-verbal d'affiche au saisi. Il le sera au moins deux fois encore, et en observant un espace de quinzaine entre chacune et l'adjudication. Huit jours avant cette adjudication, on aura dû renouveler l'insertion dans le journal, ainsi que l'affiche des placards; enfin l'on fait une adjudication.

Mais ce n'est pas fini, ce n'est qu'un essai, une répétition. Il faut donc recommencer : pour la troisième fois le journal répétera les extraits de la saisie, les murs seront de nouveau tapissés de placards, et au jour indiqué adjudication définitive. Pour en venir là, on aura, s'il ne s'élève pas d'incident, paperassé pendant au moins six mois, et dépensé plus de 600 francs, souvent le double; mais ce qui est le plus désespérant, c'est qu'avant l'adjudication préparatoire toute la procédure antérieure peut être attaquée ; que celle postérieure à cette adjudication peut l'être également avant celle définitive; que les jugemens rendus sur les critiques peuvent eux-mêmes être attaqués par un appel, et qu'il est difficile que cette procédure résiste à un examen attentif. On en sera persuadé si l'on se rappelle que la peine de nullité est prononcée pour l'inobservation d'une seule des vingt-cinq formalités signalées dans l'article 717.

Cette extrême rigueur n'a pas seulement pour effet d'inspirer au créancier de l'effroi, et dans son intérêt et dans celui de son débiteur, mais encore d'avoir très-certainement dicté, lors du tarif des dépens, l'article 113, qui accorde à l'avoué poursuivant une remise proportionnée au prix de l'adjudication, indépendamment de ses émolumens dans les actes si multipliés de la procédure. On a bien senti que, sans un large bénéfice, aucun avoué n'oserait s'engager dans une route tracée sur le penchant de vingt-cinq abîmes, dans chacun desquels un instant de distraction pourrait le faire tomber.

Cette monstrueuse procédure, qui livre aux officiers ministériels et au trésor public ce qu'il y a de plus clair dans la fortune des débiteurs, produit un mal plus contraire encore à l'esprit de justice qui doit être l'âme de la législation. Si à la dépense qu'elle commande, on ajoute celle de l'ordre qui doit la suivre, on reconnaîtra qu'elle n'est praticable que sur les débiteurs ayant, au moins, pour 2 à 3,000 fr. d'immeubles, et que tous les autres peuvent impunément braver leurs créanciers.

Ce qu'il y a de plus inconcevable, c'est que, pour nous donner ce ruineux fatras, on a abrogé une loi qui, depuis six ans, par une marche simple, rapide et très-économique, conduisait au même but. Aujourd'hui que le Gouvernement, interprète de l'opinion publique, a condamné le nouveau mode, en en demandant un autre à une Commission; et que cette Commission pourrait bien être tentée de proposer le rétablissement de la loi abrogée; il n'est pas sans intérêt d'en connaître l'origine, et de savoir pourquoi le Titre XII du Code de procédure lui a été préféré.

Le Code hypothécaire dont elle fait partie, n'a pas
été, comme beaucoup d'autres lois du même temps,
l'œuvre d'un seul homme, adopté d'entraînement; il
est le résultat d'une longue et fort savante discussion
dans le Corps législatif et le Tribunat, pendant plusieurs années *. Trois projets furent successivement
présentés et mûrement examinés, le troisième seul
satisfit toutes les opinions; et c'est de cette lutte que
sont sorties les deux lois du 11 brumaire an VII.

La naissance du Code de procédure n'a pas eu tout-
à-fait la même solennité. Conçu et rédigé par quatre
Jurisconsultes (M. Grenier en convient), il a été pré-
senté au Corps législatif par sept orateurs du Conseil
d'État qui, dans six séances, firent successivement
lecture de ses 1042 articles, chacun d'eux faisant précéder la partie dont il était chargé d'un discours où le
projet ne reçut que des éloges. Il en fut de même au
Tribunat. Neuf orateurs pris dans son sein, firent
aussi des discours approbatifs, et la lecture successive
des divers titres du projet, dans sept séances. Il est
donc certain qu'il a été adopté de confiance, et qu'on a
mieux aimé l'admirer que de le recommencer. Qu'on
mesure l'étendue des seize discours et des huit livres
du Code, avec le nombre des séances, et l'on verra
qu'il ne peut pas y avoir eu une seule minute pour la

---

* Les projets et les discours de 40 députés, prononcés dans les
deux Conseils à ce sujet, forment un recueil de 4 volumes in-8°,
qui se vendait en l'an VII, chez Rondonneau.

discussion. D'ailleurs, les noms seuls des orateurs *
donnaient au projet le passeport le plus rassurant.

Au surplus, l'essentiel est de savoir, à l'égard
de l'expropriation forcée, par quels motifs, dans ce
Code si facilement voté, le titre XII l'a emporté
sur la loi de l'an vii. On ne les trouve que dans le
discours de M. Réal, au Corps législatif, et celui de
M. Grenier, au Tribunat; et rien ne fait mieux sentir
le mérite de la loi abrogée que l'extrême faiblesse des
réflexions faites par ces orateurs pour déterminer l'a-
brogation. On en sera d'autant plus frappé que, certes, s'il y avait eu des causes plus décisives, elles
n'auraient pas échappé à des Jurisconsultes d'un mérite si généralement reconnu.

« La loi de l'an vii, a dit M. Réal, fait dépouiller
» le propriétaire d'un domaine aussi facilement que
» d'un meuble. »

Quelle légèreté! le débiteur a d'abord, pour éviter
la saisie, un mois à compter de la menace qui lui en
est littéralement faite par un commandement spécial;
il aura ensuite le temps nécessaire pour poser les
affiches dans toutes les communes où sont situés les
biens, au chef-lieu de canton et à la porte de l'auditoire, puis cinq jours pour notifier le tout au saisi,
puis vingt ou trente jours pour l'adjudication, et enfin

* Au Corps législatif, MM. Treilhard, Bigot-Préameneu, Ber-
lier, Gally, Réal, Siméon et Jaubert; au Tribunat, MM. Faure,
Perin, Albisson, Favard, Grenier, Tarrible, Mouricault, Gillet et
Mallarmé.

trente jours de plus, si les enchères n'ont pas porté le prix à plus de quinze fois le revenu indiqué par la matrice des rôles de la contribution. C'est donc plus de deux mois et presque toujours trois, pendant lesquels le saisi peut éviter la vente.

M. Réal ajoute ensuite : « L'intérêt des tiers, pro-» priétaires, créanciers et autres, a été sacrifié au dé-» sir d'une simplification exagérée. »

On pourrait croire qu'il s'est dispensé de lire la loi qu'il critique; car je vois dans l'article VI, que les procès-verbaux, ainsi que les affiches, doivent être notifiés aux créanciers inscrits; et dans un chapitre particulier aux tiers-propriétaires, qu'ils ont le droit de revendiquer tout ou partie des biens saisis; que s'ils ne l'ont pas fait avant l'adjudication, ils auront dix années pour les réclamer, à compter de la prise de possession de l'adjudicataire. Que pouvait-on faire de plus ?

M. Grenier est entré dans plus de détails. « 1° La » loi de l'an VII veut que l'apposition d'affiches tienne » lieu de saisie. Le projet rétablit le transport de » l'huissier sur tous les biens, ce qui est préférable. » C'est un second avertissement donné au débiteur » qui peut encore arrêter un mal qui lui est fait *dans* » *l'ombre.* »

D'abord, c'est lui faire payer un peu cher ce second avertissement, qu'on lui aurait fait donner par une mesure plus économique, si l'intention que vous supposez gratuitement avoir suggéré le transport de l'huissier était vraie. Mais il est plaisant de voir de *l'ombre* sur une procédure qui commence par un commandement, dont une première copie est remise au débiteur, et une seconde au Juge de paix, ou a un de ses assesseurs, lequel doit, en outre, viser l'original.

« 2° Les placards comprenant tous les objets saisis
» avaient plusieurs feuilles qui développaient une sur-
» face rebutante et peu commode; ceux du projet
» n'étant que de simples annonces, seront lus plus
» facilement. »

Il n'y a de différence entre les deux lois, qu'en ce que celle de l'an vii prescrivait la désignation de toutes les parcelles saisies, et que la nouvelle ne demande qu'une désignation sommaire en autant d'articles qu'il y a de communes. Mais cette ampleur des anciens placards n'avait lieu que très-rarement, quand la saisie frappait une terre ou un grand domaine ; et dans ce cas, le lecteur ne s'attache qu'aux masses. J'ajoute encore qu'en matière aussi grave, le Législateur ne se décide pas, comme le tapissier qui fait un fauteuil, par le plus ou moins de commodité.

« 3° Les délais de l'ancienne loi étaient trop brefs;
» par la nouvelle, il faudra au moins cinq mois pour
» arriver à l'adjudication. »

Les délais de la loi de l'an vii comprenaient, comme je l'ai déjà fait voir, au moins et inévitablement trois mois. Certes, c'était bien assez pour donner au débiteur le temps d'empêcher son expropriation, s'il pouvait en trouver les moyens, et déjà beaucoup trop pour un créancier placé peut-être sous la menace d'une poursuite semblable, ou plus fâcheuse encore.

« 4° La nouvelle loi a sur l'ancienne l'avantage de » l'adjudication préparatoire. C'est alors que toutes » les résolutions se prennent pour la vente définitive, » même de la part des personnes qui n'ont pas pu, ou » qui n'ont pas voulu se montrer auparavant. »

C'est un des mille exemples qui prouvent que souvent, en voulant faire mieux que ce qui existe, et se séduisant soi-même par une pensée qu'on plaint ses devanciers de n'avoir pas eue, on finit par reconnaître que s'ils l'ont eue, ils ont bien fait de ne pas l'écouter. Que M. Grenier s'informe de ce qui se passe, à ce sujet, dans nos tribunaux, et il saura, que cette adjudication qui lui promettait tant, se fait comme dans le désert; qu'au mot *préparatoire* tout le monde s'enfuit; que ceux qui désirent acheter le bien saisi, se donnent bien de garde de se faire connaître, conservant, par fois, leur secret jusqu'aux dernières bougies de l'adjudication définitive. Qu'on interroge à cet égard tous les Avoués, et il n'y en aura pas un qui ne déclare que l'adjudication préparatoire, comme les trois publications, sont tout ce qu'on pouvait introduire de plus ridicule dans les tribunaux.

Là cependant se terminent les critiques de la loi de l'an VII, et les éloges de celle qui l'a remplacée. Mais je n'abandonnerai pas ce parallèle sans faire ressortir, en peu de mots, les avantages inappréciables qu'avait la première loi sur la seconde. Les placards notifiés

au saisi, aux créanciers, visés par les Juges de paix
et inscrits à la conservation des hypothèques, puis af-
fichés pour le public, tenaient parfaitement lieu de la
saisie, de toutes les copies et transcriptions, de tous les
extraits et du cahier des charges qu'exige la loi actuelle.
Entre la manifestation de la saisie aussi complètement
donnée à tous les intéressés et l'adjudication, aucune
formalité n'était nécessaire; il ne pouvait conséquem-
ment y avoir ouverture à aucune nullité; tandis que
dans le Code, je ne puis trop le répéter, il y a 25 formalités, sur 44, dont l'inobservation emporte nullité.
Les qualités essentielles d'une loi sont la clarté, la
simplicité et la facile exécution. La loi du 11 brumaire
an VII les possédant éminemment, elle sera probablement la base du travail de la Commission. On peut
d'autant plus le penser, que dans l'article 459 du
Code civil, on retrouve les simples élémens de cette
loi. Pour la vente des biens de mineurs, biens aussi
précieux que ceux d'un débiteur aux abois, il n'y a ni
publications, ni adjudication préparatoire, mais seulement trois affiches, par trois dimanches consécutifs.
A la vérité les rédacteurs du Code de procédure n'ont
pas craint d'en appeler à leur haute sagesse, et de
réformer cette simplicité, avec laquelle ils ne pouvaient pas sympathiser; ils ont doublé les affiches, et
profitant de l'occasion de mettre en œuvre leur idée
favorite, ils ont exigé l'adjudication préparatoire, si
précieuse à leurs yeux! Ils ne devaient cependant pas
ignorer par quels hommes et avec quelle maturité le
Code civil a été élaboré. Moins présomptueux, ils y

auraient cherché un modèle, et non l'occasion de faire mieux.

Incommuta
bilité désira-
ble dans les
ventes judi-
ciaires.

XVI. En rectifiant la forme des ventes judiciaires, on fera cesser de grands maux; mais il en est un plus funeste encore, qui tient à la nature même de ces ventes, et sur lequel se porteront sans doute les méditations de la Commission. Ces ventes si publiquement annoncées *au nom de la loi*, si solennellement faites par les organes mêmes de la Justice, n'ont rien de certain dans leurs effets; et il n'est pas rare qu'un adjudicataire, même après avoir payé son prix, soit, quelques mois après son acquisition, dépouillé, en tout ou en partie, du fonds à lui vendu, par le même tribunal qui vient de l'en investir. J'ai, plusieurs fois, été contraint de participer à ces iniquités apparentes, qui ne sont que des conséquences naturelles et forcées du système hypothécaire actuel. Ces ventes ne transmettent à l'adjudicataire d'autres droits que ceux de la personne sur laquelle la vente est faite, article 731 du Code de procédure. En sorte que si le bien saisi a été usurpé par le possesseur; s'il l'a acheté et non payé; s'il l'a déjà vendu et non livré; si la vente qui lui en a été faite peut être attaquée pour nullité ou lésion; si ce bien est affermé; s'il est chargé d'antichrèse, de servitude, etc., l'adjudicataire peut se le voir ravir, ou être contraint de supporter des charges qui en diminuent la valeur. Une telle fragilité dans les ventes judiciaires n'est pas seulement funeste à ceux qui croyent y trouver sécurité, mais elle est inconciliable avec la considération qui doit entourer les tribunaux.

Que dans les ventes volontaires l'acquéreur soit exposé à être ainsi trompé. C'est déjà un grand mal, qui accuse la loi d'imperfection. Cependant, à la rigueur, on peut lui reprocher d'avoir imprudemment acheté sans s'être assuré des droits du vendeur. Mais celui que des affiches appellent au prétoire pour enchérir sur l'héritage mis en vente, n'est-il pas naturellement porté à croire que là on ne vend jamais le bien d'autrui; et cependant c'est là qu'il se vend le plus souvent, parce que presque toujours, surtout dans les expropriations forcées, les faillites et les successions vacantes, les titres manquent à ceux qui provoquent les ventes, n'ayant pour renseignement que la possession du débiteur.

Une grande partie de ces dangers avait été prévue par la première des deux lois du 11 brumaire an VII. C'est pour les prévenir que, par l'article **XXVI**, tous les actes translatifs d'immeubles étaient assujétis à la transcription, et que, jusqu'à l'accomplissement de cette formalité, ils ne pouvaient pas être opposés aux tiers. Ainsi l'adjudicataire n'avait à craindre ni l'action en revendication d'un premier acquéreur de la propriété ou de l'usufruit, ni celle en résolution d'un premier vendeur non payé. Mais les auteurs du Code civil, si prudens, si économes de nouveautés dans toutes les autres parties de cette loi, ont, à l'égard du système hypothécaire, rétrogradé dans le passé, et non seulement ils n'ont pas rendu obligatoire la transcription de la vente, mais ils ont dispensé le vendeur de faire inscrire lui-même son privilége, qui n'est inscrit d'office par le Conservateur qu'autant qu'il plaît à l'acquéreur de faire transcrire son contrat. C'est cette dérogation à la loi de l'an VII, qui a donné lieu aux nombreux jugemens par lesquels d'anciens vendeurs ont été admis à reprendre leurs biens des mains non-seulement de ceux qui les avaient achetés par des actes volontaires, mais même de ceux qui s'en étaient rendus adjudicataires sur expropriation forcée.

On peut croire que cette conséquence des nouvelles dispositions du Code civil n'avaient pas été prévues par ses auteurs; car M. Grenier, l'un d'eux, qui dans son rapport au Tribunat, les avait présentées comme une amélioration, en voyant toutes les Cours, et surtout celle de cassation, admettre les actions résolutoires *, fut un des premiers à demander la révision du Code civil à ce sujet. Dans le discours préliminaire de la dernière édition de son traité des hypothèques, p. XXXVI, il déclare : « Qu'il y a nécessité d'un mode » uniforme de publicité des actes translatifs de pro- » priété. » Il ajoute dans son traité, n. 382 : « Le mal » est trop grand pour qu'on n'y remédie pas; et l'on » ne saurait trop appeler, à ce sujet, l'attention du » Législateur. »

La même réforme et de bien plus importantes encore ont été demandées par M. Jourdan (Thémis. t. 5, p. 481), par M. de Courdemanche (Danger de pré-

---

* Arrêt du 18 mai 1810. V. Répertoire de Jurisprudence, au mot Transcription, § 3.

ter sur hypothèque, p. 228), et par M. Troplong (Commentaire du Code civil, partie des priviléges et hypothèques, préface, 2ᵉ édition, p. LII). Ce dernier auteur, qui a mis dans sa critique beaucoup plus de réserve et de modération que les deux autres, néanmoins à l'égard du défaut de publicité des translations d'immeubles , s'exprime très-énergiquement: « Une » réforme qui, à mon avis, doit précéder toutes les » autres, c'est l'établissement d'une formalité extrin- » sèque, véhicule d'une grande publicité, et destinée » à opérer la translation des droits de propriété à l'é- » gard des tiers. L'abandon du système de la loi de » brumaire an VII, sur l'aliénation des droits réels , » est la véritable cause du trouble qui se fait remar- » quer dans tout le système hypothécaire du Code ci- » vil, et de l'incohérence qui règne dans plusieurs » autres de ses parties..... l'absence d'une tradition » publique de la chose aliénée..... par là, le système » hypothécaire s'est trouvé frappé au cœur. » Il avait déjà dit, p. XLVI, « Concluons de tout ceci que dans » plusieurs cas importans, la solidité des acquisitions » manque de garantie, par l'abandon du système de » la loi de brumaire an VII; et que si le mal n'est pas » aussi général que l'ont dit quelques auteurs, il est » néanmoins assez grave pour qu'on soit en droit » d'accuser le Législateur d'imprudence, et d'exiger » une réforme également désirée par les esprits pra- » tiques et les esprits spéculatifs. » On apprend du même auteur que, dès le 31 octobre 1834, les Notaires du Havre avaient adressé au Ministre de la justice une pétition tendant à obtenir le rétablissement de la transcription.

A ces vœux, j'oserai donc ajouter le mien; mais si l'on se bornait à remettre en vigueur le système de la loi de brumaire an VII, cela ne suffirait pas encore pour donner aux ventes judiciaires l'auguste caractère qu'elles devraient avoir, et qu'elles avaient jadis par le décret, d'assurer *incommutablement* à l'adjudicataire la propriété franche et libre de l'immeuble par lui acquis, sans autres conditions que celles écrites dans son cahier de charges; l'adjudicataire resterait encore exposé à une grande partie des évictions que j'ai signalées, et particulièrement à l'action d'un ancien propriétaire de la chose vendue sur lequel elle aurait été usurpée.

Ma proposition d'en affranchir l'adjudicataire peut, au premier aperçu, sembler injuste; mais en y réfléchissant on partagera, je l'espère, mon opinion. Quelqu'intérêt qu'inspire le propriétaire dépouillé, il y a toujours de sa part, ou de celle de ses mandataires, une négligence dont les tiers ne doivent pas souffrir. C'est parce qu'ils ont laissé l'usurpateur prendre par sa possession et sa cotisation à la contribution, toutes les apparences du vrai et légitime propriétaire, que la Justice a transféré la chose usurpée à un adjudicataire de bonne foi. Exiger de cet ancien propriétaire qu'il prévienne cette erreur, en faisant inscrire le titre qui fonde son action, et son intention de la former; que faute de le faire, il soit réduit à agir en indemnité contre l'usurpateur, on conciliera autant qu'ils peuvent l'être ses intérêts et ceux de l'adjudicataire. On peut même par cette mesure déconcerter une fraude dont on a eu quelques exemples. On a vu des débiteurs dont les biens avaient été saisis et vendus, et qui les avaient achetés, en tout ou en partie, par des actes privés, livrer ces actes à leurs vendeurs, et ceux-ci, pour commettre un larcin, se prétendre victimes d'une usurpation. Déjà les Codes du Milanais et de la Bavière ont étendu jusque-là l'obligation de rendre publics les droits à exercer sur les immeubles. Ne rougissons pas d'emprunter à nos voisins ce qui peut perfectionner notre législation.

En résumé, il est désirable que, dans la nouvelle loi, 1° tous les actes de vente, échange et autres translatifs de propriété des immeubles soient assujétis à la formalité de la transcription, avec inscription d'office *, et que sans l'accomplissement de cette formalité, on ne puisse pas s'en prévaloir contre les tiers;

2° Que tout prétendant à la propriété ou à la jouissance des immeubles, à quelque titre que ce soit, absolu ou éventuel, continue ou temporaire, actuel ou futur, soit tenu de prendre une inscription énonçant son titre et les droits qu'il lui confère, à peine de déchéance de ces droits contre les tiers-détenteurs.

Il importe également qu'indépendamment de la

---

* La transcription serait insuffisante parce qu'elle n'est pas soumise au renouvellement périodique. Sans l'inscription, les recherches seraient trop difficiles.

transcription à laquelle les donations entre-vifs sont astreintes par l'article 939 du Code civil, les donateurs qui ont stipulé le droit de retour, en exécution des articles 951 et 952, ainsi que ceux qui ont imposé au donataire des conditions dont l'inexécution les autorise en vertu de l'article 954, à reprendre leurs biens, même dans les mains des tiers-détenteurs, soient aussi tenus de prendre inscription, sous la même peine.

A ces mesures de prévoyance, il conviendrait d'en ajouter une d'exécution, et d'ordonner que tout immeuble sur la propriété ou jouissance duquel l'état des inscriptions révélerait qu'il existe des prétentions de droits litigieux ou éventuels, ne pourra être mis en vente judiciaire, que le poursuivant n'en ait obtenu la radiation, ou que le cahier de charges ne contienne des stipulations propres à garantir ou indemniser l'adjudicataire de toute éviction ; ce qui serait, avant toute procédure, soumis au tribunal.

Enfin il y a encore un cas dans lequel l'adjudicataire pourrait être évincé même après longues années ; mais celui-ci ne peut pas être prévenu par l'inscription. C'est celui de la donation entre-vifs suivie de la survenance d'enfans de la part du donateur. Les articles 963 et 966 du Code civil autorisent ce dernier à revendiquer les biens donnés sur les tiers-détenteurs. Cette sollicitude pour les enfans de celui qui a été libéral sans prévoir qu'il leur donnerait le jour, a été puisée, à la vérité, dans les lois romaines, et dans l'ordonnance de 1731, qu'on doit au chancelier d'Aguesseau; mais on conviendra qu'elle a été portée bien loin, en faisant refluer ses effets jusque sur des tiers de bonne foi, qu'ils aient ou n'aient pas de recours utile contre leur vendeur! Et, chose étrange, l'illustre Chancelier et les auteurs du Code civil ont encore empiré cette mesure. Sous l'ancien Droit, les acquéreurs de ces biens avaient, au moins, comme dans les cas ordinaires, la faveur de la prescription de dix ans, ainsi que l'enseigne Ricard, en son traité des donations, (édit. de 1701, n. 659 et 660.); mais l'article 43 de l'ordonnance n'admet, pour ce cas, que la prescription de trente ans, et ne la fait courir que du jour de la naissance du dernier enfant même posthume, et sans préjudice des interruptions telles que de droit. Ainsi, si depuis que les biens donnés ont été vendus à un tiers, jusqu'à la naissance de cet enfant, il s'est écoulé 29 ans, ce dernier, parvenu à sa majorité, aura encore 30 ans pour retirer ses biens des mains du tiers que 80 années de possession ne protégeront pas; et avec les autres interruptions de droit, je pourrais élargir encore cette hypothèse. Telle est néanmoins la disposition littéralement copiée dans le Code civil. On doit d'autant plus s'étonner de l'y trouver, que quand la donation est révoquée pour cause d'ingratitude, les aliénations faites par le donataire sont inattaquables, art. 958. On dira peut-être que ce cas d'éviction pour l'adjudicataire sera infiniment rare, si jamais il arrive. Je réponds que le Législateur doit toujours s'élever assez haut pour qu'aucun cas possible n'échappe à ses prévisions; et comme *l'incommutabilité* des ventes judiciaires sera probablement le but des efforts de la Commission, je me livre à l'espoir qu'en attendant la révision du Code civil, elle votera pour l'adjudicataire une exception à l'article 966.

Je n'ai pas besoin de faire remarquer combien de telles mesures donneraient de faveur aux biens vendus en Justice. Dans l'état actuel des choses, ce sont ceux qui se vendent au plus bas prix ; la crainte des recherches dont rien n'assure la garantie, en éloigne les hommes prudens ; qu'on leur donne une entière sécurité, et leur concours aura de très-heureux effets.

Purge des hypothèques légales sur l'expropriat. forcée.

XVII. Le sujet soumis à la Commission, qui paraît d'abord fort limité, sera, je le prévois, comme l'horizon qui s'étend quand on avance. Parmi les effets de l'adjudication sur saisie, il en est un qui a trop divisé les Cours, pour que la nouvelle loi garde le silence à cet égard. L'adjudicataire doit-il, pour se garantir des hypothèques légales, remplir les formalités prescrites par les articles 2193 et suivans ? On sait que sur cette question, la Cour de cassation, pendant neuf ans, a adopté la négative par de nombreux arrêts ; que sept Cours royales, y compris celle de Bordeaux, se sont conformées à ces décisions ; que trois, y compris encore celle de Bordeaux, qui s'est déjugée, ont jugé dans un sens contraire * ; que MM. Grenier et Troplong sont pour la négative, tandis que MM. Delvin-

* Dans la Gazette des Tribunaux des 25 et 26 juin 1833, on assure que 200 arrêts ont résolu pour ou contre cette question.

court et Dalloz professent l'affirmative; qu'enfin la Cour de cassation a abjuré sa première doctrine par un arrêt, rendu en audience solennelle, le 22 juin 1833, suivi de plusieurs arrêts de rejet; et par là astreint définitivement l'adjudicataire au purgement des hypothèques légales. Mais M. Troplong, animé d'une louable et noble intrépidité, n'a pas abandonné le champ de bataille; et comme le dernier des Horaces, il combat encore pour la négative, contre une force qui en imposerait à tout autre *. Ses argumens sont si vigoureux et multipliés qu'ils pourraient perpétuer une lutte que la Commission a l'heureuse occasion d'apaiser. Le travail auquel elle va se livrer, serait même incomplet si, après avoir réglé le mécanisme des ventes judiciaires, elle ne s'expliquait pas sur ce qui doit consommer cette procédure.

Tout en admirant la brillante discussion de M. Troplong, je n'en applaudis pas moins la Cour de cassation de s'être réformée elle-même, et d'avoir reconnu qu'il n'y a pas un seul mot dans le Code civil, comme dans celui de procédure, qui donne à la saisie immobilière la vertu de purger les hypothèques légales. Toutes les argumentations de M. Troplong s'appuient principalement sur ce que les Chapitres VIII et IX, titre XVIII, livre III du Code civil, n'ont en vue que les ventes volontaires. Il a parfaitement raison, sa démonstration amène la conviction; mais il n'en est pas moins vrai

---

* Droit civil expliqué , 2e édit. t. 4, p. 333.

que le titre XII, livre IV du Code de procédure, n'a eu en vue que les créanciers *inscrits*, et qu'aucune de ses dispositions n'atteint ni de près, ni de loin, les créanciers dispensés de se faire inscrire. Que conclure de là? Que, comme l'a dit très-judicieusement M. le Procureur général Dupin, il y a *lacune dans la loi*. Il ne faut pas la chercher dans le Code civil, dont les auteurs se sont abstenus de régler les formes de la saisie; c'est à ceux qui les ont tracées dans le Code de procédure, qu'il faut s'en prendre. Ils ont bien aperçu que le point essentiel dans cette procédure était d'en informer les créanciers, comme le faisait l'Édit de 1551 par ses subhastations et ses criées; c'est pourquoi l'article 696 commande expressément (et c'est un des articles dont l'inobservation emporte nullité) de notifier les placards aux créanciers *inscrits;* mais ils ont totalement oublié ceux qui sont dispensés de cette formalité; en lisant cette partie du Code , on croirait qu'il n'y en a pas. Sans ce fatal oubli, leur loi aurait infailliblement porté que les deux mois donnés à ces derniers par les articles 2194 et 2195 du Code civil, pour prendre inscription dans le cas de vente volontaire, courraient , à l'égard des expropriations forcées , du jour de l'apposition des placards; formalité qui produit beaucoup plus de publicité que celles des articles 2194 et 2195. Cet avertissement eût suffi pour rendre la poursuite commune avec eux, mais il n'est pas dans la loi; et par suite de ce silence absolu, la poursuite leur est tout à fait étrangère.

M. Troplong convient, à peu près, qu'il y a lacune

dans la loi; mais il semble en triompher, en disant : eh bien, il faut s'en tenir au droit commun! L'Edit de 1551 subsiste encore en cette partie, puisqu'il n'est pas abrogé par le droit nouveau. Là est le défaut de son armure. Quand cet Edit voulait que le décret *nettoyât* les hypothèques, suivant l'expression de Loysel, les femmes, les mineurs et les interdits étaient *semondés* par les subhastations et les criées, comme tous les autres créanciers, de présenter leurs titres. Il n'y avait entre tous aucune distinction. Si les maris et les tuteurs ne se présentaient pas, ils manquaient à leur devoir. Le droit nouveau, au contraire, leur permet de se taire, tant qu'on ne les interpelle pas, articles 2121 et 2135; et le Code de procédure a oublié de les faire avertir. Ainsi il y a dans le Code civil abrogation du droit ancien, et lacune dans celui de procédure. En vain M. Troplong se prévaut de la publicité donnée à la saisie; elle n'est que pour appeler les enchérisseurs, puisqu'indépendamment des affiches et des journaux, le saisi et les créanciers inscrits sont particulièrement appelés; on a donc jugé que la publicité n'était pas assez rassurante pour qu'elle autorisât à prononcer des déchéances. Tout le monde, en effet, ne va pas interroger les murs et lire les journaux. D'ailleurs, les maris et les tuteurs s'endorment sur la foi des articles 2121 et 2135; on ne peut donc pas trop déplorer le sort de ceux que les nombreux arrêts, pendant neuf ans, ont punis de ce sommeil.

Sans doute, il est ridicule de voir, après une procédure comme celle de la saisie, l'adjudicataire remplir les formalités du purgement, comme s'il s'agissait d'une acquisition faite secrètement dans l'étude d'un Notaire. Mais l'exiger, quoique ridicule, est indispensable, jusqu'à ce que l'omission du Code de procédure soit réparée; puisque, jusque là, il y aurait injustice souveraine à réputer commune avec des créanciers dispensés d'inscription, une procédure à laquelle ils n'ont pas été appelés. Que la nouvelle loi ordonne qu'ils seront mis en demeure d'y prendre part, et il n'y aura plus ni ridicule ni injustice.

Abrogation des hypothèques tacites.

XVIII. Un moyen plus expéditif de clore ce débat et qui tarirait la source d'une infinité d'autres, ce serait l'abrogation de ces hypothèques tacites, seules causes de l'inextricable complication du système actuel. Le retour à celui de l'an VII est désiré par un si grand nombre de Jurisconsultes, et la grave question qu'il soulève est si intimement liée avec celles sur lesquelles la Commission va répandre la lumière, qu'on doit espérer qu'elle en préparera la solution.

Partageant, sans réserve, le désir de voir notre législation sur les hypothèques recouvrer sa simplicité naturelle, je cède au besoin d'examiner les objections faites contre ce vœu par son redoutable adversaire, M. Troplong.

Après la longue et solennelle discussion, dans les deux Conseils, dont j'ai déjà rendu compte (p. 34), la publicité de toutes les hypothèques, sans exception, avait été admise comme base fondamentale du système hypothécaire établi par les deux lois du 11 brumaire an VII; et tandis qu'en France les Législateurs de

1804 faisaient rentrer dans le mystère les hypothèques légales, cette publicité, ici réprouvée, était érigée dans toute sa plénitude, en Hollande, en Bavière et dans le Milanais. J'avoue que cette mutilation subie par les lois de l'an VII, dans le Code civil; que cette éclipse partielle, qui met au grand jour une partie des hypothèques, et en laisse dans l'ombre une autre partie, non moins importante, m'a toujours paru une tache qui, tôt ou tard, serait effacée. M. Troplong, lui-même, qui la défend avec toute la magie de son style, lui reproche de la bizarrerie, « en ce que le » Législateur n'a pu prendre que des mesures partiel- » les, et a autorisé la clandestinité, au milieu même » des dispositions destinées à porter le jour sur les » affaires de l'obligé. » Il n'en redoute pas moins son abolition, et signale avec beaucoup d'énergie les graves inconvéniens auxquels il pense qu'elle donnerait lieu. Ses argumentations séduisantes ont, un instant, ébranlé ma conviction, mais elles ne m'ont pas dissuadé.

A sa première objection, qu'il déclare insoluble, je puis répondre en rétorquant son argument. « Vouloir » l'hypothèque légale, et la faire dépendre d'un acte » supplétif dont l'omission la rendrait sans effet, » c'est, dit-il, créer d'une main ce qu'on détruit de » l'autre; qu'on charge qui l'on voudra du fardeau de » l'inscription, on n'arrivera jamais à un système ras- » surant. » Cela est vrai, mais sa clandestinité ne la sauve pas du danger de l'omission, elle ne fait qu'en éloigner le moment. Lorsque l'acquéreur purge son

contrat, il faut enfin que cette mystérieuse hypothèque se montre, et si, dans le délai, personne ne l'a
fait inscrire, le contrat est purgé. Reconnaissez donc
que l'hypothèque du Code civil dépend aussi d'un acte
supplétif dont l'omission la rend sans effet; qu'on y
a créé d'une main ce qu'on a détruit de l'autre; que son
système bâtard qui, chaque jour, paye un énorme tribut
au barreau, n'en est point pour cela plus rassurant.

« Ce serait conspirer la ruine des femmes et des mi-
» neurs, que d'exiger une inscription pour des droits
» qui dépendent d'une foule d'éventualités. » L'article
2135 a prévu ces éventualités, et quoiqu'il ne fasse
pas dépendre l'efficacité de l'hypothèque de l'inscription, les articles qui suivent n'en font pas moins aux
maris, aux tuteurs, subrogés-tuteurs, etc., l'obligation
de prendre cette inscription; il ne s'agit que d'étendre
et de fortifier les mesures qui assurent, autant qu'il
est humainement possible, l'exécution de cette disposition. Qu'indépendamment des mandataires désignés
dans ces articles pour réparer la négligence ou le mauvais vouloir des maris et des tuteurs, on ajoute les Maires et les Juges de paix. Qu'on charge les Maires d'informer exactement les Juges de paix de leur canton de tous
les mariages célébrés, ainsi que de tous les décès ar-
rivés dans leur commune; et les Juges de paix, non de
prendre eux-mêmes l'inscription, mais de veiller à ce
qu'elle soit valablement prise; que les Juges de paix
soient également tenus de cette surveillance à l'ouverture de chaque tutelle, ainsi que des successions qui
échoient aux femmes mariées, aux mineurs et aux in-

terdits. Le pouvoir qu'ils ont , à chaque décès , d'apposer les scellés , leur donne l'occasion certaine de connaître le nombre et les qualités des héritiers, de quelque pays qu'ils soient ; qu'on ajoute à leur pouvoir celui d'apposer les scellés, dès qu'une femme mariée sera intéressée dans une succession, si le mari ne fait pas procéder dans un bref délai à un inventaire, en présence de ce même Juge *, qui veillera ensuite à ce que la nouvelle créance de la femme soit inscrite. Qu'on fasse de la désobéissance aux intimations faites par le Juge de paix aux maris et aux tuteurs, une contravention punissable de peines de police ; et de la négligence des Maires et des Juges de paix, un cas de répression par mesure de discipline, appliquée par le tribunal civil. Qu'indépendamment de ces peines, une action en dommages-intérêts soit ouverte à l'incapable contre celui par le fait duquel il éprouverait une perte; et je pense que ce cas sera fort rare. Enfin, si malgré toutes ces précautions on avait à déplorer quelques omissions, les incapables auraient cela de commun avec les autres créanciers qui, par un oubli, une absence, une maladie ou un défaut de forme, perdent leur rang. Mais ces inconvéniens ne seraient-ils pas largement compensés par la simplicité rendue au système?

Je remarque encore , dans les raisonnemens de

---

* Cette mesure est bien plus importante pour la femme mariée que la clandestinité de son hypothèque. Dans l'état actuel de notre législation, les valeurs mobilières des successions qui lui échoient sont à la discrétion de son mari.

M. Troplong, qu'il parle toujours comme si les prêteurs d'argent étaient les seuls intéressés à la publicité
des hypothèques; de là son mot fort juste : « Il est
» moins nécessaire qu'il y ait des emprunts que des ma-
» riages et des tutelles. » Faut-il donc compter pour rien
les propriétaires qui afferment leurs domaines, ceux
qui louent ou vendent à terme des maisons, des usines,
des fonds de commerce, des offices et mille autres choses susceptibles de dépérissement dans les mains des
fermiers et des acquéreurs? Je pourrais encore parler
des cautionnemens judiciaires et conventionnels, et des
femmes elles-mêmes, au moment où elles vont livrer
leur fortune actuelle et future à celui qu'elles épousent,
et d'une foule d'autres négociations. Dans tous ces cas,
il serait très essentiel d'avoir le bilan complet de celui
avec qui l'on traite, pour éviter les désastreux désap-
pointemens que produisent chaque jour ces hypothèques
laissées dans le secret, et qui, tout-à-coup, s'en échap-
pent pour la ruine de ceux qui n'ont pas pu les deviner.

Enfin M. Troplong rappelle les nombreuses réclamations qu'a occasionnées la loi de brumaire an vii.
Cela est vrai, mais la cause en était moins dans la publicité qu'elle exigeait, que dans l'insuffisance des mesures qu'elle prescrivait par son article 22, pour faire
inscrire les créances des incapables. C'est toujours à ce
point qu'il faut revenir : imposer l'obligation d'inscrire;
mais, en même temps, chercher tous les moyens coer-
citifs qui peuvent assurer l'acte conservatoire. Tel est
à mes yeux, sur cette matière, le seul objet digne des
méditations des hommes d'État.

Mais je dirai, comme M. Troplong : gardons-nous, pour faire cesser un état de choses contre lequel s'élèvent de justes réclamations, de recourir à des procédés dont les effets seraient plus désastreux encore ; et tel serait, je ne crains pas de le dire, le système publié, en 1834, par M. de Courdemanche, au nom des trois *Comités d'office pour l'amélioration du système hypothécaire.* Il a, je le reconnais, le mérite d'être fort ingénieux, et parfaitement coordonné dans toutes ses parties. Mais il n'était pas possible de concevoir un système plus onéreux pour la société, et plus subversif de la paix des familles ! Mon intention n'est pas de le suivre dans ses détails ; on y verrait une effrayante prodigalité des actes notariés ; on y verrait le receveur de l'enregistrement devenir le tuteur des tuteurs de son canton ; ceux-ci ne pouvant pas faire la moindre dépense sans aller le trouver ; s'acheminer ensuite, avec son avis, auprès du receveur de l'arrondissement ; prendre de celui-ci un *bon*, puis retourner chez le premier pour en toucher le montant. On verrait les maris, chaque fois qu'ils auraient à recevoir des deniers propres à leurs femmes, obligés d'obtenir leur consentement, sinon de laisser ces deniers tomber dans la caisse du receveur ; on verrait les pères et mères exerçant la tutelle de leurs enfans, contraints, pour éviter d'y porter aussi les capitaux de ceux-ci, de leur donner une caution ; et une infinité d'autres occasions de discorde entre ceux parmi lesquels l'harmonie est le plus désirable. Mais il suffira, pour proscrire ce système, d'en apprécier l'idée principale.

Pour assurer aux femmes mariées, aux mineurs, même après leur émancipation, et aux interdits l'emploi de leurs capitaux, ils seraient livrés aux agens du fisc, à moins, pour ceux des femmes, que, comme je l'ai dit, elles ne voulussent bien les confier à leurs maris. Cela, suivant l'auteur, ferait entrer six cents millions dans le trésor public, qui en paierait 3 pour cent d'intérêt. Il voit, dans cette opération, la sécurité des familles et un grand profit pour l'Etat. Comme lui, j'aperçois le profit de l'Etat, et surtout celui de ses préposés ; je regrette seulement que ce soit aux dépens des familles. Mais à l'égard de la sécurité de celles-ci, l'auteur me parait dans une étrange illusion. Quand l'histoire m'apprend que deux fois, durant le siècle dernier, le trésor public a payé ses créanciers par la banqueroute, cette sécurité se change pour moi en effroi. Je demande à l'auteur ce que seraient devenues les familles, si son système eût été en vigueur en 1720, sous la Régence, et en 1793, sous la Convention ? Je lui demande si nous marchons sur un sol moins volcanique, quand la presse anarchique ne laisse pas passer un jour, sans nous annoncer une régénération radicale dans l'ordre social ? C'est, dit-il, cependant l'usage en Angleterre. Je réponds : 1° que dans ce pays on envie notre législation civile, dont on reconnaît la supériorité, et que c'est vouloir s'égarer que d'aller, sous ce rapport, y chercher des modèles ; 2° que cette consignation n'a lieu que lorsqu'il y a plainte en mauvaise gestion contre le tuteur ou le mari, et qu'une Cour d'équité l'a reconnue fondée ; tandis que vous proposez de jeter le filet sur tous les deniers pupillaires, et de traiter le tuteur le plus probe, le plus riche, comme le dernier des prolétaires; 3° qu'en Angleterre les fortunes sont beaucoup plus importantes qu'en France; que sur nos six millions de familles, nous en avons cinq millions huit cent mille qui ne paient pas 200 francs d'impôt, puisque nous n'avons que deux cent mille électeurs.

J'aurais moins parlé de ce projet, peut-être même n'en aurais-je rien dit, si, à mon grand étonnement, dans la Chambre des députés, le 16 avril dernier, un député, M. Lavielle, n'en avait pas fait l'éloge. Quant à moi, j'aimerais mieux que notre système hypothécaire reprît tous ses anciens mystères, que de voir payer si cher sa publicité. (V. l'addition à la fin du volume.)

XIX. Dans les articles 749 et suivans, relatifs aux ordres, les auteurs du Code de procédure ont non-seulement accumulé inutilement les délais et les formalités, mais adopté un système qui rend inévitables ces retards sans fin qu'on éprouve dans tous les tribunaux. D'abord on donne au saisi et aux créanciers un mois pour se régler à l'amiable sur cette distribution. Loin qu'une telle disposition mérite d'être maintenue, il serait bien plus conforme à tous les intérêts de faire courir les délais de l'ordre avec ceux de l'expropriation. C'est ce qui se pratiquait jadis dans le ressort de plusieurs Parlemens. Dans celui de Dijon, on ne procédait même pas à l'adjudication, que l'ordre ne fût clos. Dans la loi du 9 messidor an III, ce concours des deux procédures était établi; seulement les retards qui arrêtaient l'ordre, n'empêchaient pas l'adjudication. Telle est la mesure qui mérite la préférence, et d'autant plus que non-seulement la marche de l'ordre serait accélérée, mais qu'il y aurait grande économie dans les frais, puisqu'il suffirait d'ajouter aux placards notifiés aux créanciers pour l'annonce de la saisie et de la vente, la mention de l'ordonnance du Juge-commissaire, avec sommation à ces créanciers de produire leurs titres dans le délai fixé par cette ordonnance.

Pour juger de combien ce procédé accélérerait la marche de l'ordre, il faut le suivre dans son allure actuelle, et observer qu'il ne s'avance qu'au gré du poursuivant; que souvent c'est l'adjudicataire qui, en vertu de l'article 750, s'empresse de prendre ce rôle, et qui parfois le joue de manière à garder son prix pendant plusieurs années. Dès qu'un intéressé a obtenu la nomination du Juge-commissaire, la poursuite lui appartient; et comme il n'y a pas de délai prescrit pour prendre de ce Juge l'ordonnance d'ouverture de l'ordre, il ne la demande que quand il le juge à propos. Lorsqu'il a bien voulu la prendre, il peut encore se reposer; la loi qui veut que les créanciers produisent leurs titres dans le mois de la notification de cette ordonnance, n'ayant pas fixé le délai dans lequel cette notification leur serait faite. La même imprévoyance a eu lieu pour la sommation aux créanciers de prendre communication de l'état provisoire de collocation, ils doivent la prendre dans le mois de cette sommation; mais il n'y a pas de délai pour la faire. Enfin il n'y en a pas non plus pour porter à l'audience les contredits. En sorte que quatre fois le mouvement de l'ordre retombe à la discrétion du poursuivant. L'article 779, à la vérité, pour réprimer ces négligences, a établi la subrogation; mais, au lieu de la prononcer de plein droit, il veut une requête; qu'elle soit communiquée au retardataire, puis suivie d'un rapport; incident auquel la confraternité oppose un tel obstacle, qu'il ne s'élève presque jamais.

La mesure que je propose ferait évidemment disparaître ces premières entraves. La mention de l'ordonnance du Juge-commissaire dans les placards, et la notification de ces placards ouvrant l'ordre, son cours ne dépendrait plus que de ce Magistrat, surtout si l'on adopte le procédé que je proposerai, après avoir signalé les autres causes qui conspirent avec les premières contre la fin de l'ordre.

Quand le Juge-commissaire a dressé son état provisoire de collocation, les avoués des parties en prennent successivement communication. Ceux dont les espérances sont déçues le contredisent, ceux dont ces critiques contrarient les intérêts les réfutent, et tout cela sur le procès-verbal du Juge. C'est de cette forme bizarre d'instruction que naissent les lenteurs les plus désolantes. Si l'état de collocation reste au greffe, personne n'en vient prendre communication; si, ce qui arrive le plus souvent, le greffier, cédant aux sollicitations des avoués, le leur livre, il est promené d'étude en étude, et quelquefois finit par s'égarer. Qu'attendre d'ailleurs de ce drame où les personnages ne parlent que par des *à parte*; où l'avoué, sans entendre le Juge, le contredit, puis est combattu lui-même par son confrère, qui ne l'entend pas davantage. Je crois que, quels que soient le zèle et la vigilance des Magistrats, on ne parviendra jamais, avec ce système, à donner à l'ordre la rapidité désirable pour les créanciers , et voici les idées que j'ai conçues à ce sujet.

D'abord le Président, chargé par l'article 751 de nommer le Juge-commissaire, délègue, à tour de rôle, chaque membre de sa compagnie ; il ne peut ni ne veut se faire juge de leur capacité. Cependant, il faut le dire , ils n'ont pas tous les lumières et le zèle au même degré. De là résulte que souvent un ordre récent est terminé en peu de temps, tandis que d'anciens ordres se traînent péniblement pendant des années ; et il est plus d'un tribunal où le travail du Juge-commissaire a été secrètement préparé par l'avoué poursuivant, ou par le greffier ! Ce désordre ne cessera que lorsqu'un seul Juge , dans chaque tribunal, sera chargé de la direction des ordres et des contributions, comme le Juge d'instruction l'est de la partie criminelle. Comme lui, choisi et révocable par le Gouvernement, indemnisé de ce surcroît d'occupation par une légère augmentation dans son traitement *, il serait responsable ; et lorsqu'un ordre serait ralenti, il aurait à rendre compte à sa compagnie des causes de retard, et même à provoquer des mesures de discipline contre les officiers ministériels coupables de négligence, ou, ce qui n'est pas sans exemple, ne s'occupant que d'entraver cette procédure. Chargé spécialement de cette

---

* Dans les tribunaux où les Juges sont en petit nombre, ces fonctions pourraient être confiées à un Juge suppléant.

partie, dans laquelle les questions les plus ardues se présentent très-fréquemment, ce Magistrat les étudie-, rait plus profondément; et l'expérience venant bientôt chez lui se joindre à la théorie, les ordres les plus compliqués cesseraient de l'être pour lui. Ce qu'on fait souvent, se fait mieux et plus vite.

Un second moyen, plus efficace encore, serait que le Juge, sur le vu des productions, ne fît l'état de collocation qu'en projet; qu'ensuite, par une simple missive, il convoquât devant lui, assisté d'un greffier, les avoués produisans; il leur ferait lecture de son projet, leur en expliquerait les motifs, entendrait leurs observations, ferait droit à celles qui lui paraîtraient justes; sur les autres, il essaierait d'éclairer les esprits et de les concilier. Dès cette première conférence, il pourrait clore l'état de collocation, en prononcer le résultat, et déclarer forclos ceux qui n'auraient pas produit. Ceux qui se croiraient lésés seraient tenus de le déclarer sur-le-champ, en précisant les points par eux contestés, sinon la collocation serait irrévocable. S'ils usaient de ce droit, le Juge renverrait les contestans à l'audience, en leur donnant assignation d'office au plus prochain jour. Il n'en ferait pas moins délivrer des bordereaux de collocation pour les créances non contestées, ni subordonnées pour leur rang à la solution des points en litige. Dans le cas cependant où, sur ces points litigieux, une seconde conférence lui serait demandée, et qu'il pût en espérer quelque succès, il pourrait l'accorder et surseoir au renvoi à l'audience. Mais tout devrait se terminer, dans cette seconde conférence, par une

soumission sans réserve au travail du Juge, ou le renvoi à l'audience.

On concevra facilement tout ce que ce mode a de
préférable à celui du Code de procédure. Dans ce dernier, le Juge fait son état de collocation sur l'examen
des productions, et suivant ses seules inspirations. Souvent les contredits, par des développemens sur le fait,
et même sur le point de droit, lui donnent des regrets ;
mais il n'est plus temps, il ne peut pas modifier son
travail ; ce n'est qu'à l'audience, et par le tribunal,
qu'il peut l'être. Il en est de même pour les avoués : ils
contredisent parfois ce qu'ils approuveraient si tous
les motifs leur en étaient expliqués; ou ils réfutent un
contredit auquel ils souscriraient si leur confrère,
en le faisant, avait prévu leurs objections, et y avait
répondu. Je le dis avec confiance, une conférence de
quelques heures aplanirait plus de difficultés que trois
mois d'instruction, comme celle qui se fait aujourd'hui,
sans se voir ni s'entendre. On doit remarquer, en outre, qu'il n'y aurait pas d'autres frais que les honoraires
des avoués venus aux conférences.

Ordre
sur une vente
volontaire.

XX. Si ce mode est adopté, on l'étendra sans doute
aux ordres à ouvrir sur les aliénations volontaires, mais
à cet égard une distinction est nécessaire. Quand, sur
les notifications de l'acquéreur, un créancier aura obtenu la mise aux enchères, celui qui la poursuivra sera
tenu d'observer les mêmes formes que pour l'expropriation. Ainsi, dans ce cas, l'ordre s'ouvrirait, comme
je l'ai dit, sur cette première procédure, en faisant
mention dans les affiches de l'ordonnance du Juge-di-

recteur des ordres, et sommation aux créanciers de produire leurs titres dans le délai par lui fixé.

Lorsqu'il n'y aura pas d'enchère, l'ordre ne pourra être ouvert que par des notifications spéciales. Mais je propose 1° que celui qui voudra l'ouvrir présente, à cet effet, au Juge une requête ainsi que l'état des inscriptions; 2° que le Juge, dans son ordonnance, fixe proportionnellement à l'éloignement du domicile réel des créanciers, le délai dans lequel ils seront tenus de produire leurs titres; 3° qu'il fixe également celui dans lequel l'impétrant sera tenu de faire ses diligences, avec la clause que, faute par ce dernier de les faire dans le délai, l'ordonnance sera réputée non avenue; 4° qu'en ce cas, l'ordre ne puisse être rouvert, soit par le même créancier, soit par tout autre, qu'en prenant une nouvelle ordonnance libellée de la même manière. C'est le seul moyen de rendre le Juge maître de la marche de l'ordre.

Je désirerais encore que les dispositions de l'article 755, voulant que cet ordre ne puisse être ouvert qu'un mois après l'expiration des délais prescrits par les articles 2185 et 2194, fussent abrogées. Les premiers délais sont bien suffisans pour que le débiteur évite les frais de cette procédure, si cela lui est possible.

Tout ce que je viens de dire sur cet ordre s'applique parfaitement aux distributions de deniers mobiliers par contribution.

XXI. L'article 819 du Code de procédure est fort bizarre; les propriétaires des bâtimens affermés peuvent faire saisir-gager les meubles de leurs locataires sans permission du Juge, s'ils lui ont fait faire, un jour auparavant, un commandement; mais s'ils veulent, sans commandement, faire procéder à cette saisie, ils sont astreints à prendre une ordonnance du Président. Qui pourra expliquer la cause de cette différence? Dans cette alternative offerte au créancier, on veut, d'abord, probablement par un sentiment de pitié pour le locataire en retard, qu'il soit prévenu du mal qu'on lui prépare, et qu'il ait 24 heures pour s'en garantir; puis la pitié se tait, si le créancier prend une ordonnance du Président! Mais que gagnera ce locataire à ce préalable? Des frais de plus. Il me semble beaucoup plus rationnel de supprimer la requête, ainsi que l'ordonnance, comme dépenses inutiles, et même le commandement, qui n'est qu'un avertissement donné au locataire de soustraire ses meubles à la saisie.

Saisie sur le débiteur forain.

XXII. La requête au Président, exigée par l'article 822, d'un créancier qui veut faire saisir les effets de son débiteur forain rencontré dans la commune qu'habite ce créancier, n'est pas seulement inutile; mais le temps employé pour obtenir l'ordonnance, surtout quand le créancier ne demeure pas dans le chef-lieu de l'arrondissement, doit souvent laisser échapper le gage que ce créancier aurait saisi, si le ministère de l'huissier eût été suffisant, comme la raison le réclame. Double motif pour affranchir le créancier de cette formalité.

Saisie-revendication.

XXIII. Même inutilité de la requête et de l'ordonnance que prescrit l'article 826, pour qu'on puisse procéder à une saisie-revendication ; et cependant cet article les prescrit plus impérieusement encore dans ce cas que dans les précédens, car il ajoute : à peine de *dommages et intérêts.* Mais que peut faire le Président pour protéger celui contre lequel on veut procéder? Absolument rien; dans toutes ces circonstances, on fait du Magistrat une machine qui doit fonctionner chaque fois qu'on le veut, et comme on le veut, sans pouvoir jamais s'y refuser. Les Avoués et leurs clercs le savent si bien, qu'en écrivant la requête, ils ont, pour le Président, la courtoisie d'écrire son ordonnance, qu'il faut qu'il signe , comme s'il ne s'agissait que d'une légalisation.

XXIV. Si les parties intéressées à la délivrance d'une seconde grosse sont d'accord sur l'opportunité de cette délivrance, la requête, l'ordonnance et la sommation au Notaire, que commande l'article 844, copie trop fidèle des articles 178 et 179 de l'ordonnance de 1539, ne sont que des frais frustratoires, et seraient utilement remplacés par un acte dans lequel le Notaire constaterait le consentement de celui contre lequel cette grosse doit servir. Si les parties ne sont pas d'accord, ces procédures sont également superflues; un Notaire est toujours disposé à faire, en ce cas, ce qui sera légalement ordonné. Une simple citation en référé devant le Président, donnée à celui qui se refusera à la délivrance, pour vider le différent, ainsi que le porte l'article 845, est donc le seul acte nécessaire.

Ces réflexions s'appliquent également aux secondes

grosses des jugemens. On ne trouvera jamais, en pareille conjoncture, un Greffier plus difficile à convaincre qu'un Notaire.

Autorisation de la femme mariée.

XXV. Si un mari se refuse à autoriser sa femme à la poursuite de ses droits, elle peut bien, sans la permission du Président, lui faire une sommation d'agréer son désir; mais il lui faut cette permission pour, s'il s'y refuse, le traduire devant le tribunal. Qui ne s'étonnerait de trouver une telle surabondance de formes oiseuses dans une loi de notre temps? Voilà une sommation, une requête, une ordonnance et une assignation, quand la sommation seule, contenant, en cas de refus, assignation, produirait très-régulièrement le même effet.

Séparation de biens.

XXVI. Le seul contrepoids de la puissance sans bornes qu'a le mari sur la communauté, ainsi que sur la fortune mobilière de sa femme, est l'action en séparation de biens; que celle-ci ne peut même intenter que lorsque les désordres du mari la menacent d'une ruine certaine. Elle devrait donc être toujours accueillie avec empressement et faveur; on devrait, surtout, ne l'assujétir qu'aux frais indispensables. C'est ainsi qu'elle était protégée dans l'ancienne législation. Aucune formalité particulière n'était exigée; deux coutumes seulement, celles de Dunois, article 58, et de Sedan, article 197, voulaient que la sentence de séparation fût publiée au prône de la paroisse. Merlin (Répertoire, au mot Séparation), a soin de faire remarquer que ces coutumes devaient être restreintes à leur ressort, et ne formaient pas le Droit commun.

Un ancien réglement pour le Bailliage d'Orléans prescrivait la même publication; mais Pothier (Traité de la communauté, n. 517), assure que, depuis longtemps, cette formalité ne s'observait plus.

Pour les commerçans seulement, l'ordonnance de 1673, titre VIII, voulait que la séparation conventionnelle ou judiciaire fut publiée à l'audience de la juridiction consulaire, et affichée dans un tableau exposé en lieu public. Ces formalités n'étaient guère mieux observées que celles dont je viens de parler; car, sur cet article, Jousse, dans son commentaire, voulait *qu'il fût exécuté plus exactement qu'on n'était dans l'usage de le faire.* Ainsi l'usage avait fait justice de ces dépenses superflues, imposées à la femme demandant sa séparation. « Rien, dit Dareau (Répertoire, au mot » Désuétude), ne prouve mieux l'inutilité d'une loi, » que la désuétude dans laquelle elle est tombée. »

Cette opinion générale aurait bien dû détourner les nouveaux Législateurs de la pensée d'ajouter à l'action en séparation des formalités si généralement reconnues inutiles. Néanmoins les auteurs du Code civil ont cru devoir renouveler la disposition de l'ordonnance de 1673, et l'étendre à toutes les femmes, que leurs maris soient ou ne soient pas commerçans. Mais ceux du Code de procédure ont trouvé que ce n'était pas assez. Par une aveugle sollicitude pour les créanciers du mari, ou plutôt par leur penchant habituel pour les formalités, et sans concevoir le moindre mouvement de pitié pour des femmes réduites à cette ressource, ils ont voulu, art. 865, d'abord une requête

au Président, tout aussi inutile que toutes celles dont
j'ai déjà parlé ; puis, ce qu'aucune loi précédente n'a-
vait ordonné, que la demande soit affichée dans l'auditoire du tribunal civil, dans celui du tribunal de
commerce, dans la chambre des avoués, dans celle
des notaires, et insérée dans le journal du lieu ; ajoutant que le jugement ne pourrait être prononcé qu'un
mois après l'accomplissement de toutes ces formalités.
Ce n'est pas tout ; quand le jugement sera obtenu, il
faudra renouveler toutes ces annonces, et ce n'est
qu'après cela, qu'on pourra l'exécuter.

Est-ce là secourir une femme malheureuse, qui vou-
drait sauver pour elle et ses enfans les débris de sa
fortune, et qui demande aide à la Justice? Je crois
qu'il n'était pas possible de rien concevoir de plus
malveillant. Mais, dit-on, il faut pour les créanciers
se prémunir contre la fraude. Sans doute ; mais les
auteurs du Code civil, qui s'y entendaient au moins
aussi bien que ceux du code de procédure, y avaient
suffisamment pourvu par l'affiche du jugement ; et
certes ce ne sont pas toutes ces affiches griffonnées
sur des tableaux que jamais personne ne va lire, qui
déconcerteront la fraude, si elle est l'ame de cette procédure ; surtout avec la disposition irréfléchie de l'article 873.

En effet, ces Législateurs, qui ajoutent à la ruine
de la femme pour mieux avertir les créanciers, par
une inconséquence que rien n'explique, ne donnent
à ces derniers qu'une année pour former tierce opposition ; et pourquoi cette innovation? Jusqu'alors, ils

avaient dix ans dans quelques pays, et trente ans dans tous les autres. Mais, pendant une année, il ne sera pas difficile de cacher la fraude; l'hypocrisie a, pour cela, plus de ressources qu'il n'en faut. Ainsi, ces dispositions mal conçues lèsent tous les intérêts : ceux de la femme par les retards et les dépenses qu'elles lui imposent, et ceux des créanciers par le congé absolu qu'elles donnent après le cours rapide d'une année.

Rendons donc à l'action en séparation la simplicité que lui avait conservée le Code civil, et au droit exceptionnel des créanciers toute sa latitude. Que les Magistrats redoublent, s'il se peut, de surveillance pour s'assurer du péril dans lequel la femme prétend être pour ses droits; cette discussion solennelle donne à l'action plus de publicité qu'aucun autre moyen; mais aussi que le créancier qui suspecte les démarches de cette femme puisse intervenir; que si, après le jugement, il découvre des menées frauduleuses, il puisse, dans tous les temps, en obtenir justice. A ce moyen, les époux coupables de fraude n'auront rien gagné à la simplification de la procédure, et la femme qui ne se sera plainte que d'une infortune réelle, sera secourue sans être appauvrie.

XXVII. L'article 880 commande pour le jugement Séparation de corps. de séparation de corps la même multiplicité d'affiches que pour celui de séparation de biens. Si mes observations sur celle-ci sont accueillies, elle détermineront sans doute à n'exiger, pour ce second cas, que la forme de publicité jugée suffisante pour le premier par le Code civil.

XXVIII. La procédure pour obtenir l'interdiction d'un individu, ou lui faire donner un conseil judiciaire, tracée par les articles 890 et suivans, est fort simple ; cependant il y a encore une formalité dont le retranchement accélérerait l'action sans lui nuire ; et je crois qu'on partagera mon opinion, quoique cette formalité soit également prescrite par les articles 492, 493 et 494 du Code civil. Suivant ces articles, il faut présenter au tribunal une requête pour qu'il soit ordonné que le conseil de famille de cet individu sera assemblé devant le Juge de paix, à l'effet de donner son avis. Il me semble qu'il serait beaucoup plus expédient de s'adresser, pour ce préliminaire, d'abord, au Juge de paix, qui convoquerait le conseil de famille ; et de ne saisir le tribunal qu'en lui présentant l'avis des parens. On épargnerait aux familles les frais et les retards d'une procédure absolument frustratoire. Pour la justifier, dira-t-on que, si les faits articulés ne sont pas assez graves pour ne nécessiter ni l'interdiction ni la dation d'un conseil, le tribunal rejetera sur-le-champ la demande, et les parens ne seront pas inutilement assemblés. Mais je ne crois pas qu'on puisse citer un seul exemple de demande rejetée sans avoir consulté les parens. Jamais un tribunal n'a voulu et ne voudra prendre sur lui de déclarer qu'il n'y a pas lieu à instruire sur une demande aussi importante ; et toujours il voudra s'éclairer par l'opinion de la famille. Au surplus, s'il arrivait qu'un imprudent se hasardât à faire une semblable démarche sur des faits insuffisans, il en serait probablement dissuadé, soit par le Juge de paix, soit par la famille ; et s'il ne l'était pas par eux, il le serait par le tribunal. Ce n'est pas dans la prévision du cas le plus rare, qu'il faut imposer, pour les cas ordinaires, une procédure presque toujours en pure perte.

XXIX. On trouve dans l'article 946 une réquête et une ordonnance bien évidemment inutiles. Il s'agit de faire procéder à la vente du mobilier d'une succession dans le cas de l'article 826 du Code civil. S'il y a, à ce sujet, dissentiment entre les cohéritiers, ce n'est pas l'ordonnance du Président qui la fera cesser ; dans ce cas, le tribunal seul peut prononcer. S'il y a unanimité entre eux, l'intervention d'aucune autorité n'est nécessaire.

Vente du mobilier d'une succession.

XXX. Les auteurs du Code civil, pénétrés de l'intérêt qu'inspirent les mineurs, et comme s'ils eussent craint de livrer la vente de leurs biens aux lois sur la procédure naturellement paperassières, avaient tracé pour cette vente un mode extrêmement bref et simple. Après l'homologation de l'avis de parens, elle devait se faire devant un Juge ou un notaire délégué par le tribunal, être précédée de trois affiches apposées par trois dimanches consécutifs, aux lieux accoutumés dans le canton, et certifiées par les Maires des communes. Leur sage prévoyance n'a pas sauvé les mineurs de la manie des auteurs du Code de procédure de toucher à tout pour le gâter. Réformant le Code civil, encore une fois, par les articles 754 et suivans, ils ont ajouté à ses prescriptions une estimation judiciaire, puis le chef-d'œuvre de leurs conceptions, l'adjudication pré-

Vente de biens de mineurs.

paratoire, et un doublement des affiches avec des insertions dans le journal.

Je reconnais que l'estimation des biens, ainsi mis en
vente, est un préalable essentiel, mais ce n'est pas en
Justice qu'il faut la faire. Là elle serait précédée d'une
prestation de serment toujours fort chère, et suivie
d'un rapport très-détaillé qui, passant par le greffe,
y acquiert un énorme embonpoint, et devient plus cher
encore. Il peut être très-économiquement, et au moins
aussi surement, remplacé pour les mineurs, en auto-
risant le conseil de famille à fixer lui-même le prix
vénal des immeubles à vendre. Très-certainement,
cette appréciation faite par les plus proches parens des
mineurs, soit d'après leurs connaissances personnelles,
soit sur celles des hommes de l'art de leur choix qu'ils
consulteraient, mériterait, sans contredit, plus de
confiance que celle donnée par un ou trois experts que
le tribunal nomme sur une notoriété qui n'est pas in-
faillible; et, à coup sûr, elle n'occasionnerait que de
très-modiques dépenses. Il y a tout lieu de croire que
c'est ainsi que l'avaient entendu les auteurs du Code
civil.

Quant à l'adjudication préparatoire, je ne puis que
renvoyer à tout ce que j'en ai dit. Persuadé, d'ailleurs,
que la Commission ne proposera qu'un mode uniforme
pour toutes les ventes judiciaires, je le suis également
de la suppression de cette ridicule cérémonie.

Il est encore, dans l'article 964, une formalité dont
l'abrogation n'est pas moins désirable. Si, au jour indiqué pour l'adjudication définitive, les enchères ne

s'élèvent pas au montant de l'estimation , il faut assembler de nouveau le conseil de famille , puis obtenir du tribunal un jugement qui autorise à vendre au-dessous de cette estimation. Ainsi ce n'est pas assez que les circonstances dans lesquelles se fait la vente fassent éprouver aux mineurs une perte sur la valeur présumée de leurs fonds; il faut encore y ajouter les frais d'un procès-verbal constatant l'accident, ceux d'un second avis de parens, ainsi que du jugement qui statue sur cet incident: et tout cela bien inutilement, si la vente est nécessitée par l'exigence des créanciers ; puisque , sous l'empire de cette nécessité, ni le conseil de famille, ni le tribunal ne peuvent se refuser à ce qu'on demande.

Je crois qu'à cet égard , il faut distinguer dans les ventes des biens de mineurs, celles qui se font pour cause de *nécessité absolue* , de celles qui ne sont votées que pour un *avantage évident* , deux cas prévus par l'article 457 du Code civil. Pour les premières, puisqu'il y a *nécessité* , à quoi peut servir de consulter les parens , et de demander l'autorisation du tribunal? Parens et Magistrats sont contraints de répondre , comme les Croisés: *Dieu le veut.* Il suffirait donc d'autoriser, dans l'avis de parens, le tuteur ainsi que le subrogé-tuteur à demander au juge ou au notaire délégué la remise à un autre jour ; ce qui ne pourrait pas leur être refusé, lors même qu'un seul des deux la demanderait. Il importerait aussi d'ordonner , dans ce cas , que la dernière enchère faite lors de la première criée, serait définitive, si à la seconde elle n'était pas couverte ; car il est arrivé qu'à une seconde adjudication les enchères ont été inférieures à celles de la première. Quant aux ventes qui ne sont votées que pour un *avantage évident*, il suffirait que les parens, dans leur avis, fixâssent la somme au-dessous de laquelle l'avantage présumé cessant, la vente ne pourrait pas avoir lieu.

Licitations. XXXI. Les articles 972, 988 et 1001 voulant que pour les licitations, ainsi que pour les ventes des immeubles dépendans des successions bénéficiaires et de celles vacantes, on se conforme aux règles prescrites pour les ventes des biens de mineurs, les observations que je viens de présenter s'y appliquent également. Plus d'adjudication préparatoire, plus d'autorisation à demander au tribunal pour adjuger au-dessous du prix estimatif. Que peut faire, dans cette conjoncture, un tribunal? Si les parties intéressées demandent cette autorisation, il ne peut pas la refuser. Il est bien plus convenable de laisser à la majorité de ces parties le soin de faire remettre l'adjudication, autant de fois qu'elle le jugera convenable.

Partages. XXXII. Dans les formalités des partages judiciaires, il y en a une dont l'inutilité va jusqu'au ridicule. L'article 976 veut que si, après le lotissement des biens à partager, les parties ne sont pas d'accord pour procéder aux comptes, rapports, etc., le poursuivant appelle les autres devant le juge-commissaire ; que celui-ci les renvoie devant un notaire, s'ils peuvent s'entendre sur le choix, et devant le tribunal, s'ils n'ont pas pu se concerter. Le juge-commissaire joue-là un singulier rôle! Il n'est qu'un ressort à renvoi, dont on ferait mieux de se passer. Si les cohéritiers peuvent s'entendre sur le choix du notaire, ils iront bien le trouver d'eux-mêmes; s'ils restent en discord, pourquoi les faire passer devant ce juge, pour être renvoyés par lui au tribunal? Il serait beaucoup plus simple d'ordonner qu'en cas de discord sur le choix du notaire, le poursuivant appellera ses cohéritiers devant le notaire qui a procédé à l'inventaire, s'il y en a eu un; et dans le cas contraire, devant le doyen des notaires de la ville ou du canton. Par-là, on éviterait le procès-verbal du juge-commissaire, la sommation à comparaître devant le tribunal, et le jugement de renvoi devant le notaire nommé d'office.

XXXIII. Encore une requête et une ordonnance du Président qu'exige l'article 986, et que ce Magistrat doit accorder sans jamais avoir à délibérer. Il s'agit de l'héritier qui, voulant se réserver le bénéfice d'inventaire, et avant de prendre son parti, veut faire vendre le mobilier de la succession. Comme il ne peut faire procéder à cette vente que par un officier ministériel, l'ordonnance du Président n'ajoute rien à la conservation des intérêts des créanciers, et son inutilité est palpable.

Vente du mobilier d'une succession bénéficiaire.

XXXIV. Persuadé que de tous les retranchemens que je propose dans notre procédure, il n'en est pas un dont le plus obstiné des praticiens puisse contester l'opportunité, je me livre à l'espoir que, lors de la revision du Code, mes observations ne resteront pas sans fruit; et déjà il en résulterait une grande diminution dans les frais.

Droits du trésor sur les actes du greffe, et sur le papier.

Mais il est une autre réforme bien plus importante dans ses résultats, qui honorerait notre siècle, et sur laquelle je crains néanmoins d'être écouté moins favorablement, parce que les finances de l'État y sont intéressées : ce serait précisément de rendre à la juridiction civile son ancienne franchise à l'égard du fisc, en la rédimant des tributs qui, depuis le xive siècle, lui ont été imposés, et qui seuls aujourd'hui forment plus de la moitié des dépens.

Il est si contraire aux premiers élémens de morale, de rançonner ainsi le recours en justice, que ceux-même qui ont créé ces impôts, ne l'ont fait qu'en les dissimulant sous des prétextes de bien public. Il importe à la thèse que j'ose soutenir, de rappeler dans quelles conjonctures, et comment sont nés ces tributs qu'on paie, à cette heure, sans grand murmure, parce qu'on y est habitué.

XXXV. Jusqu'à Philippe-le-Bel, dans aucun temps, dans aucun lieu, on n'avait pensé à faire au souverain un revenu de la justice qu'il doit à ses sujets. A Rome, les fonctions de greffier étaient remplies par des esclaves, afin, disent les historiens, que leurs émolumens fussent moins onéreux aux parties ; admirable sollicitude dont nous sommes bien éloignés ! En France, cet emploi a toujours été confié à des hommes libres, mais choisis jadis par les Juges eux-mêmes, qui fixaient avec modération leur salaire, et veillaient à ce qu'ils n'en excédassent pas la mesure. C'est en 1303, dans l'état désastreux où se trouva la France, à la suite de la bataille de Courtray, que Philippe, pour se procurer les moyens de réparer sa défaite, après avoir exigé le cinquième de tous les revenus, et altéré les monnaies, jetta les yeux sur les juridictions royales ! Prétendant qu'il se glissait des abus dans le choix des greffiers par les Magistrats, il mit les greffes au nombre des domaines de sa couronne, les érigea en office, y attacha, pour les mieux vendre, des droits bien plus élevés que ceux qu'ils avaient eus jusque-là, les vendit, et en tira des sommes immenses. Depuis ce moment, les greffes, devenus matière de finance, furent, sous les règnes suivans, dix fois rachetés, dix fois revendus plus cher, et toujours au détriment du plaideur. * Telle est l'origine des droits de greffe, et la première atteinte portée par le fisc aux franchises des tribunaux.

XXXVI. La seconde est celle du papier timbré. Nous en devons la première pensée au fameux Cardinal Mazarin. La Fronde était vaincue, mais les troubles et les désordres suscités par elle avaient plongé le peuple dans la misère, et épuisé les finances. Cet Italien était fertile en expédiens ; rappelé par la Cour, en février

Origine du papier timbré.

---

* Une de ces opérations de finance eut lieu du temps d'Etienne Pasquier. Les greffes, supprimés et revendus en 1577, le furent encore en 1580 ; et voici ce qu'en dit ce Magistrat, quoiqu'Avocat du roi à la chambre des comptes : « Certes, celui qui, pour avantager » ses affaires, les fit mettre en vente par le feu roi Henri III, » *comme domaniaux*, mériterait, s'il vivait, qu'on lui fît son procès extraordinaire, afin de servir d'exemple à la postérité. Car je » puis vous dire que, sur la vente de ces greffes, fut entée la ruine » de l'État. » *Recherches sur la France, livre* IV, *chap.* XII. Aujourd'hui l'État exploite lui-même ce domaine, dont l'existence révoltait ce courageux Magistrat.

1653, dès le mois suivant, il fit paraître un édit portant que toutes les expéditions des actes publics ne pourraient être faites que sur des papiers et parchemins frappés d'une marque particulière, et vendus au profit de l'Etat. Cet édit, que n'appuyait aucun motif d'intérêt public, était si naïvement bursal, qu'il souleva une animadversion générale, et que le Ministre, dans la crainte d'un nouvel exil, s'empressa de le révoquer. Mais, en 1667, le célèbre Colbert, voulant aussi augmenter le revenu public, se rappela le monopole conçu par le Cardinal. Il n'osa cependant pas l'employer sans lui donner, au moins, une apparence d'utilité générale. Pour cela, il imagina que, si le gouvernement faisait rédiger et imprimer des formules de tous les actes publics dont les Juges et les Officiers ministériels seraient obligés de se servir, en rendant uniforme le style des actes et des procédures, on éviterait les vices de rédaction qui, trop souvent, font annuler ces actes, et il en reviendrait grand profit pour l'Etat. C'est ce qui fut ordonné par une déclaration du Roi, renouvelée en 1669, 1670 et le 19 mars 1671. Le tarif des droits à percevoir sur ces formules, suivant la nature des actes, fut même arrêté le 22 avril suivant. Mais il était plus facile de concevoir un pareil système, et d'en faire le tarif, que de dresser des formules pour tous les actes que la mutiplicité infinie des transactions et des procédures entre les citoyens, pourraient rendre nécessaires. Les efforts des agens employés par le Ministre pour donner la vie à son système, étaient encore sans résultat en 1673, lorsque Louis XIV, qui était en guerre avec la plupart des puissances de l'Europe, et venait d'éprouver de sérieuses défaites, perdant patience sur ces retards, ordonna de son camp de Maëstricht, le 7 juillet, qu'en attendant ces formules, on fabriquât et l'on vendît des papiers et parchemins marqués d'une fleur de lys, et timbrés de la nature des actes auxquels on les destinait, avec mention du droit porté au tarif. Cet expédient, qui faisait payer les formules sans les fournir, souleva de si justes et si vives réclamations, qu'au mois d'avril 1674, un édit révoqua l'ordonnance. Mais comme il fallait de l'argent, de quelque source qu'il vînt, le même édit commua le produit présumé des formules en un droit à prendre sur tout le papier et le parchemin qui se fabriqueraient dans le royaume. Cette fois, ce fut le commerce, et surtout les marchands de papier et de parchemin qui, jetant les hauts cris, firent encore révoquer l'édit. Alors, les Ministres redoutant moins les clameurs du palais que celles du commerce, au mois d'août, un nouvel édit ordonna que *les Officiers et Ministres de la Justice* ne pourraient se servir que de papiers et parchemins marqués d'une fleur de lys; ce qui fut enfin exécuté et livré aux fermiers généraux. C'est ainsi que, pour ne pas asseoir cet impôt sur les fabrican de papier, qui, le reprennant sur les consommateurs, l'auraient rendu imperceptible, on aima mieux l'infliger aux plaideurs, pour lesquels il est énorme, en pure perte, et qui déjà supportaient un premier monopole, les droits de greffe.

On a de la peine à s'expliquer comment ces deux tributs si injustement exigés de ceux qui ont besoin de justice, ont pu survivre à une révolution faite pour l'extirpation des abus. Cependant, il faut le dire, si l'Assemblée constituante a laissé subsister celui du timbre, au moins elle s'était empressée, par son décret du 5 décembre 1791, de supprimer et les greffes et tous les droits qui y étaient attachés. Mais les amateurs du gouvernement républicain apprendront, avec surprise sans doute, que c'est ce gouvernement qui, pendant le peu de temps qu'il a pesé sur la France, n'a pas craint de les rétablir en en décuplant le produit.

Ce fut en l'an VII, que le Directoire, jugeant qu'il lui serait utile de manier plus de finances qu'il n'en trouvait, proposa aux Conseils, *par mesure d'urgence*, d'établir des droits de greffe, sept à huit fois plus forts que ceux des greffiers; et ces Conseils, le 21 ventôse, déclarèrent qu'en effet il était *juste et instant* de faire tourner au profit du trésor public la perception des droits de greffe.

Des droits de rédaction et de transcription furent établis sur tous les actes de l'instance, depuis sa mise au rôle jusqu'au jugement. Des droits de *rédaction* et de *transcription* pour le fisc, qui ne rédige et ne transcrit jamais rien!* Et, chose vraiment curieuse, les anciens

---

* Il est vrai qu'il salarie les greffiers, qui sont ses commis; mais il le fait si mesquinement, que la même loi donne à ces commis un très-ample dédommagement, aux dépens des plaideurs. Ce dédommagement est tellement fructueux, que les greffes de première instance

réglemens , pour tempérer l'appétit des greffiers, exigeaient qu'ils missent, *au moins*, un certain nombre de syllabes dans chaque ligne, et de lignes dans chaque page ; la nouvelle loi règle aussi ce nombre de syllabes et de lignes, mais, en sens contraire , pour qu'on se garde bien d'en mettre plus. Si, en effet , un receveur ou un vérificateur s'apercevait qu'un greffier, dans un moment de distraction, ou dans un accès de désintéressement rare, mais possible , eût dépassé la mesure, il en serait fait bonne justice. Le prix de chaque rôle est fixé à 2 fr. 50 c., 1 fr. 50 c., 1 fr. 25 c., suivant la nature de l'acte expédié ; indépendamment du droit du vrai greffier , qui, pour toute espèce d'expédition , n'a que 30 c. On voit dans quelle immense proportion , le droit du fisc excède celui du labeur! L'exagération et l'injustice sont portées au point que le malheureux qui dépose son bilan , ou renonce à une succession , doit aussi payer, non seulement le greffier qui tient la plume , mais celui qui ne fait rien. Trois mois après , l'esprit d'injustice continuant à souffler sur le Directoire, il s'aperçut qu'il avait oublié les ventes judiciaires, et n'hésita pas à proposer aux Conseils de les assujetir au nouveau droit, sans en excepter les expropriations , dernière ressource des créanciers, qui presque toujours est insuffisante. Les Conseils ,

des Départemens, auxquels n'est attaché qu'un traitement de 8 à 900 fr., se vendent 60 à 70,000 fr. Qu'en supprimant le droit de greffe, on libère l'État du traitement, cela est juste ; mais qu'on se rassure, on ne verrait pas pour cela , un seul greffier abdiquer son greffe.

dociles encore à cette inspiration, lui octroyèrent, le 12 prairial, un droit proportionnel et sur le prix de l'expropriation, et sur le montant des créances colloquées.

Tout ce qu'on peut dire au soutien de cette fiscalité, c'est que les impôts sont indispensables ; que ceux-ci sont destinés à contribuer aux dépenses de l'ordre judiciaire, et qu'il convient de les faire payer par ceux qui en profitent. Sans doute, sans impôt il n'y aurait pas de gouvernement possible ; mais l'impôt lui-même doit avoir une juste cause. Ainsi la propriété foncière est appelée la première à le fournir, parce que, sans la protection du gouvernement, elle ne serait qu'un droit illusoire. Par le même motif, l'industrie doit y participer. Quant à l'impôt indirect, il n'est payé que par celui qui veut jouir de la chose imposée. Il fixe lui-même son contingent, et ne l'acquitte que quand il jouit. Celui du timbre même, appliqué seulement aux transactions civiles et commerciales, aux affiches, aux journaux, etc., reste dans cette juste catégorie ; on ne le paye pas, sans trouver un dédommagement dans la chose dont cette dépense est l'objet. Mais l'étendre aux procédures judiciaires, et les grever en même temps de droits de greffe, c'est monopoliser le recours en justice, comme le sel et le tabac ; c'est, en un mot, exploiter le malheur! On ne trouvera pas cette expression exagérée, si l'on se rend compte des diverses causes qui forment la clientelle des tribunaux.

On y verra, d'abord ceux, que la loi elle-même contraint d'en faire partie ; des enfans en bas âge, à qui la mort a ravi les auteurs de leurs jours ; des familles affligées par l'état de démence dans lequel leur chef est tombé ; des créanciers aux abois, dont les débiteurs sont en faillite ou déconfiture. Tous ceux-ci ne viennent dans les tribunaux, y faire régler, à grands frais, leurs intérêts, que parce qu'il leur est interdit d'y procéder ailleurs. * On reconnaîtra, sans doute, qu'en ajoutant aux dépenses déjà considérables qu'ils sont obligés d'y faire, un tribut pour l'État, on imite ces insulaires qui secourent les naufragés en les dépouillant.

Dans les instances, le mal est moins sensible. Si les parties viennent y vider leurs différends, c'est parce qu'elles l'ont voulu, et quelle que soit celle qui succombe, on est porté à croire qu'ayant été dérai-

---

* Tout récemment une dame dont le mari est interdit, ayant recueilli de son chef une succession importante, et redoutant les frais d'un partage judiciaire, a demandé au tribunal de la Seine l'autorisation d'y procéder amiablement, aucune difficulté ne s'élevant entre elle et ses co-héritiers. Mais parce que son mari, quoique interdit, n'en reste pas moins chef de leur communauté, et que les revenus des biens, dont sa femme hérite, doivent tomber dans cette communauté ; que dès-lors le partage doit se faire avec lui, elle a été renvoyée à se pourvoir par action ; ce qui a été confirmé par arrêt de la cour royale, le 12 octobre dernier. V. la Gazette des tribunaux des 17 et 18 de ce mois. Le savant rédacteur de cette Gazette déplore très-justement que des formalités instituées dans l'intérêt des familles soient une cause de ruine pour elles. On le voit, depuis que le fisc a envahi les tribunaux, le désordre est tel que procéder devant la justice est une calamité ; on vient jusque dans son sanctuaire, la conjurer de souffrir qu'on échappe à sa trop dispendieuse protection. Ce scandale ne cessera que quand, en lui rendant son indépendance, on l'aura affranchie de tous tributs envers l'État.

sonnable dans ses prétentions, elle n'est pas trop punie en payant le tribut. Mais qu'on y réfléchisse un peu, et l'on verra que cette addition aux dépenses nécessaires, sans être aussi révoltante qu'à l'égard de ceux dont j'ai d'abord parlé, n'est encore qu'une injuste exaction. Celui qui introduit une instance, n'y est pas contraint, il est vrai, par la loi ; mais le plus souvent il l'est par des circonstances plus impérieuses encore. C'est le propriétaire aux dépens de qui un usurpateur veut s'enrichir ; c'est un créancier dont le débiteur retient les deniers ; c'est une femme ruinée par son mari, ou rendue plus malheureuse encore par son inconduite et ses sévices ; c'est un mari que les adultères de sa femme ont réduit au désespoir ; c'est un enfant méconnu par sa famille, qui revendique son état ; c'est un père réclamant de ses enfans ingrats le pain de douleur ; voilà les causes qui, avec celles que j'ai déjà signalées, et beaucoup d'autres aussi intéressantes, forment les neuf dixièmes et plus des instances. Dans de telles occurrences, n'y a-t-il donc pas une extrême injustice à exiger de ceux qui implorent le secours des Magistrats un tribut qui sera perdu pour eux, si un vice de procédure les force à recommencer ; ou si, ce qui n'est pas rare, leur recours pour les dépens est rendu illusoire par une insolvabilité réelle ou feinte.

On peut m'objecter que le cas le plus ordinaire est que le tribut, en définitive, retombe sur celui qui a perdu son procès ; et que le plaideur obstiné ou de mauvaise foi doit inspirer moins d'intérêt que le trésor public.

Peut-être céderais-je à cette objection, qui atténue le motif sans le détruire, s'il était certain que jamais la bonne cause ne succombe, et que la défaite est toujours pour la mauvaise. Mais en est-il ainsi? Déjà l'institution des Cours royales, dont le seul objet est de réparer les erreurs des premiers Juges, et celle de la Cour de cassation, uniquement préposée pour venger les lois des infractions échappées aux Cours royales, attestent le contraire; et quand un procès a parcouru ces trois dégrés, et même ceux ultérieurs, le doute sur le bien-jugé surnage encore; la loi elle-même l'a dit: *Res judicata* PRO VERITATE *habetur*. La chose jugée n'est qu'une *présomption* légale, article 1350 du Code civil.

Pour qu'il en fût autrement, il faudrait, dans les causes qui dépendent de l'éclaircissement des faits, que les investigations des Juges pûssent pénétrer dans la conscience des parties, ou au moins dans celles de leurs témoins; que dans celles où domine le point de droit, le sens des lois fût si facile à saisir qu'aucune interprétation ne fût nécessaire, et il n'est pas donné aux hommes d'en faire d'aussi parfaites; ou enfin, que les Magistrats fûssent doués d'une infaillibilité que la Providence leur a refusée.

Que ceux qui, jusqu'à cette heure, ont vu avec in-différence la partie qui perd son procès payer des dé-pens, dont les droits de l'Etat sont plus de la moitié, jettent un instant les yeux sur le premier de nos recueils d'arrêts; et à livre ouvert, ils liront sur chaque question, *pour*, Paris, Lyon, etc.; *contre*, Caën, Bordeaux, etc. Et si c'est devant quelques-uns de ceux

qui ont perdu ces procès, que se fait cette affligeante
lecture, on entendra probablement l'un dire : quel
malheur pour moi de n'avoir pas habité le département
de la Gironde ! et un autre, si j'avais été de la Seine-
Inférieure, je ne serais pas ruiné ! La Cour suprême
n'a-t-elle pas elle-même rendu des oracles contradic-
toires ? N'y a-t-il pas bien des familles en France qui
ont à déplorer d'y avoir été jugées trop tôt ou trop
tard ? Qu'on se rappelle seulement ses deux décisions
opposées, à neuf ans de distance ainsi que les deux
cents arrêts des Cours rendus dans cet intervalle,
en sens contraire, sur une seule question, que j'ai
rapportés (p. 48), et l'on aura une juste idée de la
vertu de la chose jugée. *

On ne peut pas s'en prendre au personnel des tribunaux : jamais, peut-être, il n'y eut plus de lumières
et de plus pures intentions, surtout dans les sommités
de la Magistrature ; et ce qui le prouve, c'est que la
presse, qui n'épargne pas sa critique amère aux mem-
bres de l'Administration, très-rarement l'a exercée sur
ceux de l'Ordre judiciaire. La diversité d'opinions en
jurisprudence descend de la même source que celle
qui se fait remarquer dans les autres sciences. Cette

---

* Je pourrais citer une infinité d'exemples fort singuliers de la
versatilité des Cours. Je me bornerai à celui-ci : sur la question de
savoir si l'article 1912 du code peut, sans rétroactivité, s'appliquer
aux rentes constituées avant sa publication, la cour de Bruxelles, en
1808, adopta la négative ; en 1813 l'affirmative ; en 1816, elle revint
à sa première opinion, la retracta en 1817, et la reprit en 1818.
V. Dalloz, t. IX., p. 861, aux notes.

source est l'imperfection de la raison humaine. Hors des sciences exactes, tout est problématique. Les élémens des sciences naturelles mêmes, ne sont plus ce qu'ils étaient le siècle dernier.

Quand la raison et l'équité ne réclameraient pas la réduction des frais de justice, la faillibilité des tribunaux en ferait donc seule un devoir. Qu'on pense à ces milliers de familles qui ont non-seulement perdu tout ou partie de leur fortune, mais supporté une énorme masse de dépens, pour avoir osé soutenir une thèse qui aujourd'hui est proclamée la doctrine par excellence; et l'on n'hésitera plus à éviter, du moins, pour l'avenir, l'aggravation que les exubérances de notre procédure ont portées à leurs maux. Mais ce serait bien mesquinement répondre à l'opinion, qui, à ce sujet, se manifeste de toutes parts *, si l'on se bornait à faire la guerre aux formalités. La suppression des droits de greffe et de timbre allégerait les mémoires de frais quatre ou cinq fois plus que tous les retranchemens dans les feuilles du dossier. Maintenir ces deux monopoles, ce serait, j'ose le dire, faillir au premier devoir des Gouvernemens, qui est de rendre la justice et non de la vendre. Si l'on veut sincèrement réduire les frais de justice, c'est par-là qu'il faut commencer.

Déjà le Roi et les Chambres, en rejettant des revenus de l'État les produits immondes des jeux et

---

de la loterie , ont comblé les vœux depuis long-temps exprimés au nom de la morale et de l'humanité ; mais ceux de la justice contre les tributs exigés de ceux qui ont recours à elle , se recommandent plus énergique-ment encore à la puissance publique ; car enfin les victimes des jeux et de la loterie s'immolaient elles-mêmes volontairement , tandis que ceux-là seuls su-bissent le monopole sur la procédure, qu'une impérieuse nécessité traîne dans les tribunaux.

J'ajoute, à l'égard du droit de greffe , que tout en écrasant les plaideurs , il ne fournit au trésor qu'une bien faible ressource. Il n'excède pas quatre millions. En 1834, il ne s'est élevé qu'à 3,909,202 fr. Ce n'est sur le milliard du Budget , qu'un deux cent cinquan-tième, ou les quatre cinquièmes d'un demi-centime pour cent. Réparti proportionnellement sur tous les au-tres impôts, il serait inaperçu ; retranché de la procé-dure , l'effet, au contraire, en serait immense, et l'on applaudirait à cet acte de justice. Il en peut être de même du droit de timbre sur les procédures.* Son produit pour l'Etat s'élève à peine à la moitié du premier. Ne pour-rait-on pas se rappeler que c'était sur les fabriques de papier qu'il devait d'abord être perçu , et que c'est pour les en dispenser , qu'il a été reporté sur l'Ordre

---

* Je répète que je ne sollicite l'abolition de ce monopole que pour les procédures. Dans ma pensée il serait conservé pour tous les actes publics, même pour l'exécution des jugemens , parce qu'alors c'est au créancier à s'assurer de la solvabilité de son débiteur pour les frais qu'il va faire.

judiciaire , qui l'acquitte pour elles depuis 1674 ? Il me semble qu'il est non-seulement d'équité , mais de saine politique de le replacer sur ces fabriques. Leurs productions et leur nombre sont si multipliés , dans l'état actuel de l'instruction et de la littérature , que réparti sur toute la population , il serait à peine senti ; seul mérite que puisse avoir un impôt.

Encore un mot , et ce sera le dernier. J'ai plusieurs fois entendu dire, et l'on répétera peut-être , que la cherté des procédures était un frein salutaire pour contenir les esprits tracassiers ; que sans cela, les moindres prétextes mettraient les citoyens aux prises. Sans doute, ainsi que le Prince le plus affable, le plus généreux, est aussi le plus importuné , si les dépens étaient réduits à l'indispensable, les dépositaires de la justice auraient plus souvent à la distribuer ; mais aussi le pauvre défendrait le champ qu'il abandonne, effrayé par des dépenses qu'il ne peut pas faire ; on ne verrait plus la femme d'un homme brutal s'exposer à la mort, parce qu'elle n'a pas 600 fr. pour s'en garantir ; on ne verrait plus mille autres plaies endurées avec résignation, pour ne pas user d'un remède plus cuisant que le mal. Quelques hommes passionnés abuseront de cette facilité, qu'importe ? On abuse des meilleures institutions , ce n'est pas une raison pour les détruire.

ADDITION A L'ARTICLE XX.

Je ne peux pas croire que le gouvernement consente à compliquer ses finances du surcroît de comptabilité que lui proposent les trois Comités d'office. Voici, par approximation, quelle en serait l'immensité.

En consultant les *Tables du mouvement moyen annuel de la population et de la mortalité en France*, insérées dans l'Annuaire du bureau des longitudes, on voit que, chaque année, le nombre des mariages s'élève à 223,226. Les 446,452 individus qui les contractent sont âgés, terme moyen, de 24 ans. Vingt ans après, il en est mort les trois septièmes, c'est-à-dire 199,908. J'en soustrais le dixième, pour ceux qui n'ont pas laissé d'enfans ; il reste en minorité les enfans de 179,918. En ne supposant que trois enfans pour chacun, il faut reconnaître qu'il y a toujours en France 539,754 mineurs. Qu'à ce premier nombre on joigne celui des interdits, et de ceux assujetis à un conseil judiciaire, ce qui ne peut pas être au-dessous de 12,000 ; et voilà déjà 551,754 individus dont les fonds ne pourraient pas être placés ailleurs qu'au trésor public.

On peut aussi, très-approximativement, trouver le nombre des femmes mariées. Il naît annuellement 899,880 enfans légitimes, ce qui donne, à très-peu de chose près, le nombre des mères. Celui des femmes qui n'ont pas, ou qui n'ont plus d'enfans, est au moins la moitié du premier; il en résulte un total de 1,349,820 femmes sous puissance maritale. N'y eût-il que le tiers de ces femmes qui, pour la sûreté de leurs capitaux, préférassent le trésor à leurs maris, ces 449,940 réunies aux premiers nombres des déposans, porterait le total à plus d'un million. C'est ce qui explique les 600 millions promis par les auteurs du système au Gouvernement. En effet, on peut sans exagération porter, pour terme moyen, à 600 fr. ce qui serait déposé pour chacun de ses incapables.

Mais ne doit-on pas s'effrayer à l'idée que le Ministère ajouterait à ses opérations, déjà si importantes, d'ouvrir à un million d'individus, et à chacun d'eux, en particulier, un compte dont les écritures commencées par le receveur de l'enregistrement, seraient continuées chez celui de l'arrondissement, puis chez le receveur général, puis au Ministère, puis au trésor, puis etc.! De quelles nuées d'employés ne faudrait-il pas augmenter celles qui roulent déjà dans l'atmosphère des finances? Quant à l'emploi que le Trésor devrait faire de ces 600 millions pour en servir les intérêts et salarier sa nouvelle armée; je laisse aux hommes d'état à en apprécier les conséquences.

FIN.

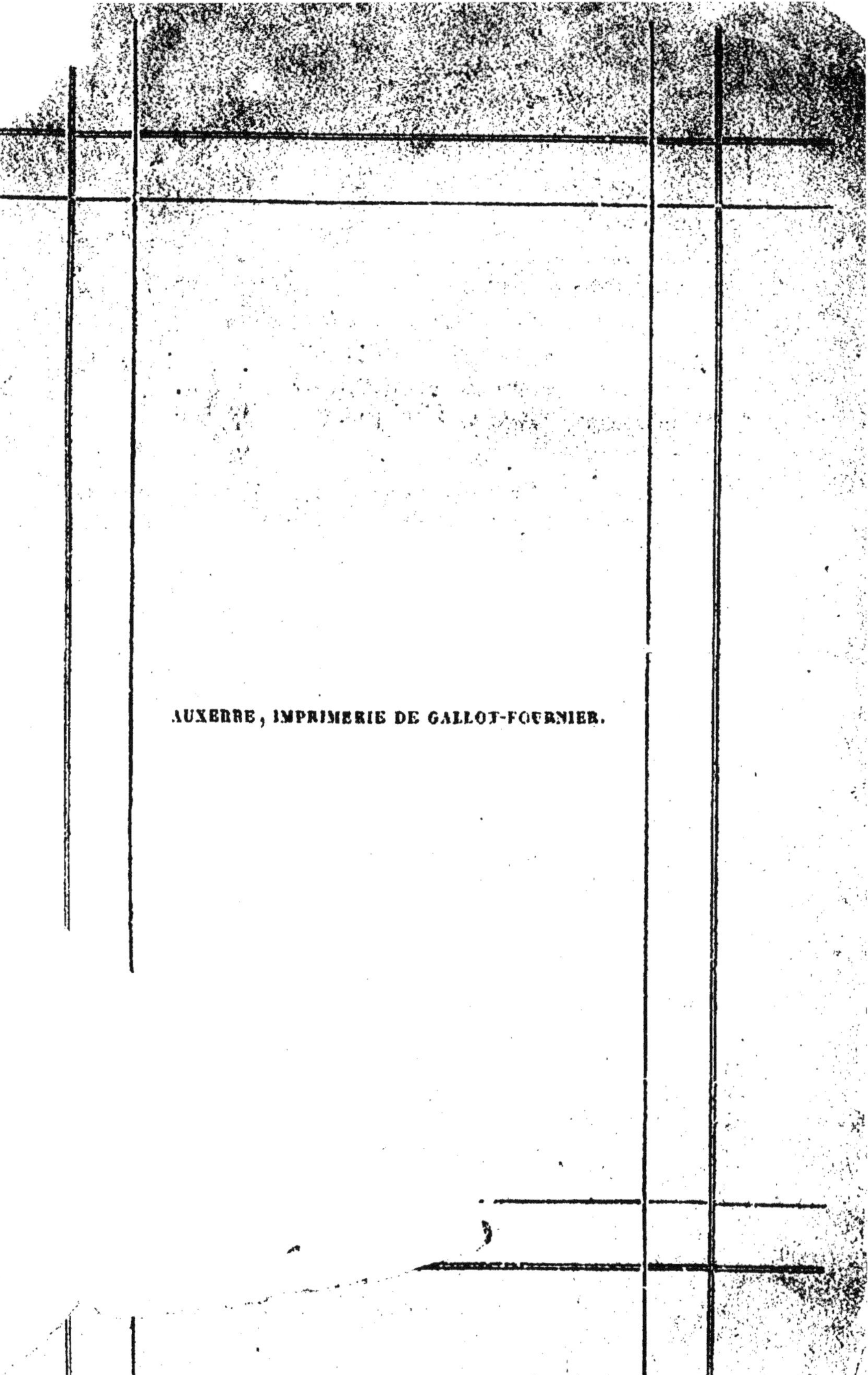

AUXERRE, IMPRIMERIE DE GALLOT-FOURNIER.

AUXERRE, IMPRIMERIE DE GALLOT-FOURNIER.

www.ingramcontent.com/pod-product-compliance
Ingram Content Group UK Ltd.
Pitfield, Milton Keynes, MK11 3LW, UK
UKHW021744090726
13657UKWH00002B/907